言いたいことを言ったのに、うまくいった

心を守りながら人と接する心理学

ヤン・チャンスン 著
吉原育子 訳

PHP

はじめに　きっぱりと前だけに向かって変化する自然のように

公園で犬の散歩をしていたときのことでした。どこかからポトン！　ポトン！　という音が立て続けに聞こえてきます。振り返ってみると、大きなモクレンの木から、枯れた花が地面に落ちていました。風が強いわけでもないのに、いくつもの花がそうして音を立てながら。

数日後には、公園を華やかに彩《いろど》っていた桜の花びらが、弱い風に吹かれて雪が舞うように散っていました。その様子を見ながら「春に咲く花々は、咲くときもそうだけれど、散るときも何の未練もなく一気に散るものだな」と思いました。犬だけが喜んで舞い散る花びらの中を駆け回っています。

また数日経つと、モクレンや桜の気配はどこへやら、今度は公園中が新緑に満ちていました。自然は、なんときっぱりと前だけに向かって変化していくのだろうと、ふと思いました。それは私たち人間が自然から学ぶべき、最も大きな価値ではないかという気がしました。

少し前、長期にわたりカウンセリングを受けていたクライアントのご家族と、お話しする機会がありました。ご家族は、クライアントがカウンセリングを受けるうちにとても大人になり、変化したようだと大変喜んでいました。そのクライアントの変化には、私も大きなやりがいを感じていました。その変化は、何より、カウンセリングを通してそれまでその人の内面に居座っていた、余計な感情（例えば、不安、憂鬱《ゆううつ》、挫折、怒り、被害者意識など）が消えていったことで、次第に潜在能力が発揮された結果でした。

そのクライアントの事例からもわかるように、私たちの精神的な成熟や変化は、過去の傷にとらわれ足を引っ張られたままでいた自分の特性や力量を見つけ出し、それをきちんと発揮できるようにしたときに訪れます。なぜそれが重要かというと、そのプロセスを通して「本来なるはずの究極の自分になっていくことができる」からです。これを精神科医で心理学者のユングは「個性化（individuation）」、精神医学者のカレン・ホーナイは「どんぐりが樫《かし》の木になるプロセス」と言い表しました。このプロセスを成功させるには、無駄なエネルギーの浪費と自分を邪魔する要素から、自分自身を守る作業が必要になります。

私たちの精神のエネルギーは外部からの影響を受けますが、心が不安定であれば、外部からのごくわずかなエネルギーでも、情緒に大きな反応が引き起こされるとユングは言っています。このような情緒のアンバランスは、緊張、不安、葛藤、憂鬱といったあらゆるストレスを引き起こす原因となるので、つねに「エネルギーの水路を開けること」が必要なのです。そのことを私は家の掃除《そうじ》にたとえることがあります。家の中が散らかっていれば、まず仕事に集中しにくくなります。探し物もどこに置いてあるのかさえわかりません。ですが、一度「固く」決心して片づけをすれば、失《な》くしてしまったと思い込んでいた物まで出てきたり、本当に自分が大切にしていた物が見つかったりします。見つかったときの、その喜びといったら！

自分の人生にそんな幸運を迎え入れるためには、まず心の片づけをする時間が必要です。そのプロセスを経て、ようやく自分がどれだけ無意味に感情を浪費してきたのかに気づけるからです。カウンセリングで多くの人の話を聞いていると、最も大きな後悔の一つが、なぜこんなにも長いあいだ、必要もない不安を感じ、苦しんでいたのだろう、というものなのです。

年齢に関係なく、一番の不安や悩みは次の二つの問題です。一つめは自分の能力を信じられないことからくる不安です。自己肯定感が乏しいと未来の成功に希望が抱けず、なぜ自分はこの程度の存在なのだろうと、過去の後悔に足を引っ張られます。二つめは人間関係の悩みです。この人間関係の悩みも、最初の不安とつながっているケースがほとんどです。つまり、自分に自信が持てずに不安でいると、自分の評価を他者を通して確かめようとするため、問題が生じるのです。結果的に、つねに相手からどう思われているか不安になり、相手が離れていくと自分に存在価値がないからだと思い込むようになります。そして相手にしがみついたり、もうどうでもいいと自暴自棄になったり、抑うつ感や無力感に苛《さいな》まれるようになります。

社会的存在である人間にとって、他者はどうしてもなくてはならない存在です。でも、自分と同等でなく、いつも評価やチェックをしてくる相手であれば、その関係は不安や恐れの原因になってしまいます。ユングの言う精神のアンバランスな状態に陥《おちい》ってしまうのです。

長いあいだ精神科医として働きながら、私はどうすればそのアンバランスな状態を正常に戻し、不要な感情から抜け出させられるか、悩んできました。そして解答として示したのがこの本でした。驚いたことに、年月を経ても読者のみなさんはこの本に関心を持ち続けてくれました。それだけ多くの方が私の話に共感してくださっているという意味なのでしょう。おかげで今回、新たに改訂版が出ることとなりました。ただありがたい限りです。

犬の散歩中、青空とそよ風、日差しに輝く緑に触れながら、ずいぶんと久しぶりに気持ちがときめいているのを感じました。おそらくパンデミックという長いトンネルを抜け出て、ようやく迎えた日々であるために、なおのことそう感じたのでしょう。時がくれば何の未練もなく消えていく春の花びらのように、これまで抑え込まれていた時間もまた、軽やかに消えていくことを願いながら、「自由」というものが、いかに私たちにとって大切なのか改めて実感しました。

パンデミックの期間に経験せざるを得なかったあらゆる困難が、一気に消え去ることはないでしょう。それでも、誰もが新しい日々の前で新しい変化を起こせるよう、精一杯努力すべきなのは間違いありません。一日も早くその日が訪れることを心待ちにしながら、この本を愛読してくださるすべての方に感謝の気持ちを捧《ささ》げます。

ヤン・チャンスン

私たちは自分に自由を許してあげる義務があります。

プロローグ　何も恐れることはありません。もうあなたらしく生きても大丈夫

いつだったか知人に誘われて知らない人たちと韓国南部を旅行する機会がありました。初対面同士だったのでそれぞれ自己紹介をしたのですが、こうした社会的な付き合いでは、おもしろいことに、名前のあとに必ず自分の仕事や所属を明かさなくてはなりません。ともあれ私も自己紹介をしたのですが、途端に知人がこう言ったのです。

「対人関係のクリニックをやっているって言うけれども、自分の対人関係もうまくやっているのかしらね」

その人は、普段から洒落《しやれ》たユーモアでみんなを引きつける、優《すぐ》れた才覚の持ち主でした。でも、ときどきそのユーモアの裏に鋭さが隠れていることもありました。それゆえにその人のユーモアが好きだったのですが、そのときばかりはさすがに少しグサッときました。じつは対人関係の専門家として見られることに、いくばくかのコンプレックスを抱いていた時期があったからです。

専門家が陥る落とし穴、つまり自分の専門分野では、できるだけ完璧なところを見せなくて

はいけないという、期待値の問題でした。私はその期待値を満たそうと必死になっていました。もちろん努力したぶん、結果が伴うわけでもありませんでしたが。

ジレンマに陥っていた私は、あるとき、とうとうその期待を手放すことにしました。すると、驚くほど気持ちが楽になったのです。他人の評価にも以前ほど神経質にならなくなり、人前で自分をさらけ出しても平気になりました。ある種の自由に自分自身を委《ゆだ》ねられるようになったのです。おそらく以前の私だったら、「専門家とは言っても、自分の対人関係はうまくやれているのか」というジョークに、ギクリとしたことでしょう。けれど、多くの面で自由になった今は、「対人関係はともかく、恋愛関係が苦手なのは確かね」と応酬できるようになりました。

人間関係に対する私たちの欲求には二つの顔があります。「できることなら」気持ちの向くまま自由に話し、行動したいという欲求と、「そうできない」のがわかっているので、注意深く慎重にならなければならないと、自分を抑えようとする欲求です。この二つは私たちの心の中でつねにせめぎ合い、葛藤していますが、多くは後者を選びます。いい人だと認めてもらうには、そうせざるを得ないと信じているからです。

これまで私たちは、自分の考えをはっきりと主張することに多少気まずさを覚える文化の中で生きてきました。人前では謙虚にふるまうことが美徳とされてきましたが、実情は少し違うのではないかと感じています。自信を持って堂々と自分の意見を言いたいという欲求は誰にでもあります。実際は人前で自分の考えを主張しない人たちも、カウンセリングの場では違うことを言います。

「私も自分の考えをはっきり表現したいんです。いつも相手に合わせてばかりの自分が本当に嫌なんです」

彼らだけではありません。私を含めて多くの人が自己主張することを苦手だと思っています。拒否されるのがとても怖いからです。すでにずっと昔、フランスの詩人ランボーが言っているように、無傷な魂はないのです。それなのに、私たちは依然として人間関係で傷つくことに耐え得るだけの勇気がありません。だから今日もこうして悩むのです。

(自分の考えをはっきり言ってもいいんだろうか。生意気だと思われたらどうしよう?)
(自分から先に心を開いてもいいのかな。近づいても、こっちの本心をわかってもらえるのかな?)
(こんなことして結局、傷つくのは自分なのに……。世の中に私と同じように思っている人なんかいるわけないのに)

こんなふうに私たちを不安にする考えは次々と浮かんできますが、じつは相手も自分と同じように悩んでいます。ここで一つの解決策がはっきりとわかります。拒否され傷つくことへの恐れを、まずは自分から手放すのです。そうすれば、自分から相手に近づき手を差し出すのも、少しだけハードルが下がります。はっきりと自分の考えを伝え、自己主張するのも、それほど苦手だと思わなくなり、相手が同じように話したり、行動したりしても理解を示し、受け入れられるようになります。

そうするには、どうしたらいいでしょうか？

まずは自分自身と和解して仲良くすることです。私たちは、自分のことはよく知っているようで、実際はその反対の場合が多いのです。そうした誤解から抜け出し、自分を自分のままで受け入れつつ、長所は活かし、短所は補っていく勇気が必要です。まずは自分自身と仲良くすれば、ほかの人たちにも遠慮せずに「ありのままの自分」を見せることができます。それを認めてくれる人たちとは、さらに気分良く、仲良くなっていくものです。

一方、自分を非難する人たちとの関係からも自由になれます。非難にも一理あるかどうかを見極めて、一理あるなら直せばよく、そうでなければ、その人本人の問題だととらえればいいからです。

もう少しストレートに言えば「他人に合わせるのをやめて、図太く生きると決心しよう」ということでしょうか。本書のタイトルを『言いたいことを言ったのに、うまくいった』に決めたのもそのためです。タイトルにまでしたので、私もさらに気持ちが楽になりました。

先にお話ししたように、以前の私は相手の主張が気に入らなくても「これ以上、自分の意見にこだわっても相手を傷つけるだけよね？」とか「どこかで悪口を言われるかもしれないし」と思って、途中で「好きにしたらいいんじゃない？」と言うことが多かったのです。そして、そのあとはいつもよくない結果を招いていました。私も気に入らず、相手からも「あなただっていいって言ったんだから、責任があるでしょう」と責められました。そのときに「だって、あなたが傷つくかと思って諦《あきら》めただけなのに」と言ったところで意味がありません。そこで、考え方を変えることにしたのです。

どうせ私が責任を取らなければならないのであれば、自分の考えを堂々と主張するほうが、人間関係においてはずっと重要です。相手の意向を無視するのではなく、罪悪感を持たずに自分の考えを表現するのです。このとき「はっきりと、簡潔に」がポイントになります。

すると、おもしろいように相手も私の意向を受け入れてくれるのです。表現しなければ本心はわかってもらえません。「いい」と言っても、本当にいいと思っているからなのか、傷つきたくないからなのか、それともクタクタに疲れているため衝突を避けたいだけなのか、言葉にしなければ相手も知るすべがありません。ですから、自分の本心を堂々と表現するほうがいいのです。それが私の考える「健全な図太さ」です。

もちろんそこにはいくつかの前提条件があります。

一つめは、自分の意見に対する合理的で客観的な情報が必要だということです。知りもしないのに主張ばかりしていれば、それは健全な図太さというより、礼儀を欠いた乱暴な要求にしかなりません。

二つめに、人間と人生に対する理解と愛があることです。それがあれば堂々と自分を主張しながらも、相手とのあいだで起こる葛藤を受け入れて、解決していくことができます。

三つめに、どんな場合でも最後まで礼儀を守ることです。生ものを食べれば、下手をすると消化不良を起こすように、人間の感情も生のままでぶつけ合うと、無駄に傷ついてしまいます。礼儀は、そうした生のものを柔らかく温めてくれます。

さいわいなことに、いつからか若者層を中心にそうしたコミュニケーションの文化が広まってきています。自由に自分を出しながら、他者もそうするのを拒否感なく受け入れ、より健全な人間関係を作ろうと努力する人たちが増えているのです。

こうした努力が重要なのは、私たちの本性には、いい人と親しくなって成功した人生を歩みたいという、大変強い願望があるからです。その願いがかなえられないときに生じる挫折感やみじめさは、言い尽くせないほど大きいものです。被害者意識と恨《うら》みが芽生えるのもそのときです。これを乗り越えるためには、自分を苦しめる自分の中の心理的な問題についての理解が必要です。私たちは自分を基準にして他者を想像します。まずは自分を理解しなくては、他者に共感することも意思の疎通を図ることもできません。そうした努力を地道に積み重ねていったとき、世の中の人たちは、こちらの本心を理解し、自分より先に近づいてきて、手を差し伸べながら心を開いてくれるのです。

このようなテーマを一編ずつ、手渡すように読者のみなさんに伝えようと、試行錯誤《しこうさくご》した努力の賜物《たまもの》が本書です。私の心が読者のみなさんに届くようにと願うばかりです。本書が人間関係の不安をワクワクに変えるきっかけになれば、この上ない喜びです。

言いたいことを言ったのに、うまくいった

contents

CHAPTER 1
どうして人間関係がうまくいかないんだろう

CHAPTER 2 傷ついた人は多いのに、傷つけた人はいない理由

CHAPTER

3

自由な自分で生きるための、他人に合わせない人間関係処方箋

CHAPTER

4

誰にも振り回されない自分になるために

まずは自分自身と仲良くすれば、

ほかの人たちにも遠慮せずに
「ありのままの自分」を見せることができます。

CHAPTER

1

どうして
人間関係が
うまく
いかないんだろう

なぜいつも言いなりにばかりなってしまうのか

人間関係で感じる最も基本的な不安は、周りから自分の存在を拒否されるのではないかと恐れる「拒否不安」です。拒否不安はどんな人にでもあるものです。なぜなら「人間関係イコール人生」だからです。私たちは何より人との関係の中で成長します。だから人間関係をうまく築きたいと願うのはごく当たり前のこと。その欲求の前で、ときに挫折し、揺れ動き、傷ついて血を流しても、それでもなんとかしたいと思うのが私たちです。それがそのまま自分の人生だからです。

人付き合いのコツを私はよく、服を着ることにたとえます。ＴＰＯに合わせて服装を変えるように、人間関係もその都度ふさわしい対応を取らなくてはならないからです。ノーと言うべきときはノーと言い、受け入れるべきときは受け入れる。そうするために、まず人間関係における基本的な心理パターンについて知っておく必要があります。

人間関係には大きく分けて三つのパターンがあります。他者を積極的に支配しコントロールして自分が優位に立とうとする「支配型」、関係性に居心地の悪さを覚えて距離を置こうとする「回避型」、愛着関係の形成を重要視する「親密型」です。

健全な関係性というのは「ＴＰＯに合わせて」この三つの型を使い分けできることを言いま

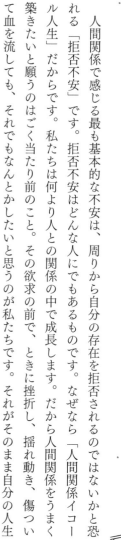

す。従うときは素直に従い、リーダーシップが必要なときは積極的にリードし、線引きしたいときにはそうできる。とはいえ、自分の中には自分でも知らない自分がたくさんいるのが問題で、そのたくさんの自分が調和していることもあれば、不和を引き起こして、適切な人間関係を自ら妨害することもあるのです。

自立心が強く、ドライなタイプのハウンさんは、夫のことがどうしても理解できませんでした。恋愛中、とにかく優しかった夫は、何でもまずハウンさんの意見を聞き、デートのときはほぼ毎回、彼女の意見に従ってくれました。飲食店でメニューを選ぶといった些細《ささい》なことから、服装や旅行先にいたるまで、何もかも彼女の言うとおりにしてくれたのです。そんな態度にときどきイライラすることもありましたが、気の短い自分に比べて、彼がのんびり屋だからなのだろうと思っていました。のんびりしたところがあるおかげで、そんなふうに優しく気遣ってくれるのだろうと思い込んでいたのです。

ところがいざ、結婚してみると状況は一変しました。結婚生活のさまざまなことを経験するうち、彼女はようやく、夫がただ言いなりになるだけの人だと気づいたのです。義母の前ではとりわけそれが顕著でした。これまで何でもハウンさんに合わせ、気遣ってくれていたのは、じつは何でもかんでも母親の言いなりになってきた、その延長にすぎなかったのです。

外でも断るということができない夫に、ハウンさんはいったいなぜなのかと真剣に訊《たず》ねたことがありました。すると、こんな答えが返ってきました。

「子どもの頃からずっと、まあいいじゃないか、機嫌を悪くされるくらいなら、自分が我慢すればいいんだから、と思って生きてきたんだ。特に父親とケンカしていつも泣いてばかりだった母親の前だと……」

いつしかそんな自分をもどかしく感じるようになったものの、すでに癖になってしまっていたせいか、かえってこのほうが楽な面もあるのだと、夫から打ち明けられました。

人間関係に悩む人の中には、意外とこのタイプが多くいます。主体性がなさすぎる、他人の顔色をつねにうかがう、いつもいいように使われる、無意識に他人の機嫌を取ってしまう……。こうした人たちの対人関係のパターンを見てみると、他人の言いなりになる傾向が強いのです。つまり、いいように利用されたり、言われるままだったりするだけでなく、主体的でいることが大変難しいのです。

こうしたケースの多くは、相手を喜ばせて自分を受け入れてもらおうという無意識の欲求が強すぎるのが原因です。身近な家族や友人、職場の人たちはもちろん、初対面の相手にすら、そんなふうに感じてしまうと明かす人もいます。ついつい相手の顔色をうかがいながら機嫌を取り、相手が年長者である場合は、秘書にでもなったかのようにかしずいてしまう。そんな自分を負け犬のように感じる場面も多いので、そのようにふるまうのはやめようと決心するものの、いざ似たような状況になると、同じような行動を繰り返してしまうのです。

そうした行動の根底には、大概、自分自身を無力な子どもと見なしている心理が隠れています。巨人の国にやってきたガリバーのように、周囲のすべての人を恐れる気持ちから、周りの気分を害さないようにとびくびくしているのです。拒否不安の一種と言えるでしょう。自分の行動によって相手に拒否され傷つくのは嫌だという無意識の欲求が、ただ言いなりになるという態度に現れてしまうのです。

こうしたタイプの人たちは、まず自分の中にそうした心理があることに気づき、それを受け入れることが大切です。そして、ごく小さなことから、言いなりになりすぎないよう心がけましょう。もちろん、心を傷つけられて生きていきたい人など、どこにもいません。ですが、この世で心に傷を負うことなく生きている人もまた、どこにもいないのです。

人間である以上、私たちは誰もが少しずつ不完全で移ろいやすい存在です。強いときもあれば弱いときもあり、拒絶されて傷つき、馬鹿にされて悔しい目に遭《あ》い、屈辱を味わいながらも生きています。それを認めて受け入れるのが容易でないだけなのです。現実から目を逸《そ》らさず、一歩ずつ自分だけの歩みを進めていく練習をするしかありません。

自分の感情を抑え込んでまで、相手に合わせる必要はないのです。

初めての場所で どうしていいかわからず、苦しかったら

「人間は大きく二つのタイプに分かれる。すなわち、感情を内に秘めるタイプと爆発させるタイプ[※1]」

ジュリアン・バーンズの小説『ここだけの話』に出てくる一節です。

人間関係で疲れを感じやすく、人と距離を置こうとする人たちは前者にあたります。彼らは「社会的不快」を感じやすいタイプ。社会生活を苦手とし、戸惑い、避けようとする傾向が強いので、湧き上がる感情をぐっと抑え込んでおかなくてはいけません。もちろん無理にそうしているわけではなく、大抵そのほうが気が楽だからで、感情を持っていないからではありません。

ソヒョンさんは誰よりも情に弱く、感受性が強くて思いやりのあるタイプです。ところが人見知りが激しくて、初めての場所や人前では引っ込み思案になってしまい、親しく人付き合いすることを難しく感じています。性格的に自分から近づいて、自分の気持ちや経験を積極的に話すのが苦手です。当然、大人数の会合や活動に参加することはほとんどありません。どんな

言い訳を使ってでも、なんとか人が集まる場から抜け出そうとし、どうしても断りきれない場合は、できるだけ人目につかないように注意して、隅っこのほうで小さくなっていました。まださいわいだったのは、なんとかして（大抵は相手が近づいてきて手を差し出してくれるか、あるいはまったくの偶然によって）、とりあえず一度親しくなった人とは、その関係が長続きしたことでした。

私たちが人間関係において、自分から先に近づいたり、簡単に打ち解けたりできないのには、それなりの理由があります。ソヒョンさんのように、初めての場所や人に対して性格的に人見知りするというのがまず一番の理由です。また自分に対する基準が高く、期待値を満たさなければという、必要以上のプレッシャーを抱えているのも原因です。自分をうまくコントロールしなくてはという、完璧主義の傾向があるのは言うまでもありません。そうすると、人間関係で期待に応えるのが難しかったり、自分のコントロールが利《き》かなかったりする状況では、不安が大きくなりがちです。そんな人ほど、どんな状況であっても完璧な瞬発力を発揮しなければならないと考えるので、相当リラックスできる関係が築けている相手でない限り、自分をオープンにしないよう用心してしまうのです。

一方、社会的不快を感じている人の中には、最初から人と近づきすぎることを嫌う、独立性を備えるケースも多く見られます。彼らはそもそも社会的な付き合いをそれほど重要視していません。むしろ一定の距離を置いて、離れて過ごすほうを好みます。自分の個別性と独立性のほうが大事だと考えるので、内面の感情を積極的に人と分かち合おうとはしません。そういう面で、周りからは冷淡で距離のある人だと思われがちですが、じつのところ、本人はあまり意に介していません。

そういった人たちは、大勢と会う場面ではすぐに疲れてしまうので、はなから人と会う機会そのものを避けようとします。彼らもまた自らを孤独な存在だと考える可能性はありますが、自分の個別性と独立性を失うくらいなら、孤独を選ぶ可能性のほうが高いのです。

他者の反応に敏感な傾向が強い場合も、社会的不快を感じる確率が高くなります。心理的には人との関わりや愛情への欲求は高いのですが、傷つくのが怖いために、結果的には人との距離を保つ状態に置かれてしまうのです。そんなタイプの人ほど、恥ずかしいことや困ったことを経験すると、それを乗り越えるのに時間がかかります。そのせいで、最初からそうならないようにと、人付き合いにも距離を置くようになります。

呼吸には空気が必要ですが、空気には一〇〇パーセント酸素だけが含まれているわけではありません。二酸化炭素や窒素、塵《ちり》なども混じっています。それでも呼吸をするのには何の問題もありません。人間関係も同じです。私たちにとって人間関係とは、まるで空気のようなもので、その中には自分が望む完璧な関係性もありますが、不安や恐れ、意図しない傷もつねに一緒くたになっているのです。そのことを認めて、あまりひるむことなく人付き合いをしてみる必要があるのかもしれません。

何より、自分にとって社会的不快を感じさせる心理的な要因が何なのかをまず探り、受け入れる姿勢が大切です。そのことがむしろ社会的不快を減らすきっかけになるからです。

生まれつきどんなに柔軟性のある人でも、緊張や不安に苛まれ続ければ、問題が生じます。先に述べたように、私たちが人間関係で感じる不安、緊張、恐れは空気と同じで、極めて現実的な感情です。そのため、抑え込むより、ありのままの感情を受け止める姿勢が必要なのです。呼吸をするように自然に。そうするだけでも、少しだけ心に余裕が生まれることがわかるでしょう。

小さな決定も自分の思いどおりにできないとき

ジウさんは最近、スーパーで買い物をしているとき少し戸惑う経験をしました。同じ年頃の見知らぬ人が、煮干しの入った袋を少なくとも二〇回以上、手に取ったり戻したりしながら、どれにするか決められずにいるのを見かけたのです。もちろん、少しでもいいものを選ぼうというあまり、ああでもないこうでもないと迷うことはあるでしょう。けれど、その人はそうで

はないことが見ていてわかりました。ただ、どれを選んだらいいのか決められずに、何をどうしたらいいかわからないだけだったのです。その後もさらに一〇回ほど同じ袋を手に取ったり戻したりしてから、ようやくカートに入れると、別のコーナーへと移っていきました。

ジウさんが当惑したのは、その人に自分の姿を見たからでした。彼女はネギ一束を買うのでさえ、ぱっと決められませんでした。誰かが隣にいたら不審がられるほどだったので、スーパーにはできる限り一人で行きました。ところがその日、すぐそばで偶然、自分と同じ行動を取る人を目にして、ジウさんはハッとなったのです。そしてその瞬間、固く心に決めました。スーパーでは何を買うにしても最初に目に入ったものを手に取り、そのままカートに入れようと。

ところが、言うのは簡単でも実際に行うのは非常に難しいことでした。それでも彼女はスーパーに行くたび、歯を食いしばってがんばりました。まごまごするたびに、気づかせてくれたその人を思い出しながら。

この話を他人事《ひとごと》だと思えない人たちは、きっとかなりの数にのぼるのではないかと思います。Aさんにとってはサクサクと片づけられることが、Bさんにとっては死ぬほど難しい、という場合がありますが、決断もそのうちの一つだからです。Aさんは意思決定がとても速く、一度決めたら特に疑うこともなく信じてやれるタイプである一方、Bさんは決断力に障害が疑われるほど、物事を決められず、何でも相手に決めてほしいタイプかもしれません。

大小さまざまなことに心が右往左往して決められない人たちは、大抵、対人関係のパターンで「非主張性」という尺度がとても高く現れます。非主張性とは、自己主張するよりも相手に合わせ、振り回されることが多い性質を意味します（そのほとんどが、他者の立場をより考慮する、過順応性と自己犠牲の尺度も高く現れる）。先ほどのジウさんもやはり、結婚前はほぼすべての決定を両親や恋人がしてくれていたと言っていいでしょう。結婚してその恋人が夫になった今も、相変わらず彼女の代わりに決めてくれていたのです。

彼らが見せる対人関係のパターンは、「承認欲求」とも関係が深いものです。相手を喜ばせ、認めてもらいたいという欲求が強いのです。そのため、頼まれても断れず、他者の欲求に必要以上に敏感になり、自分の望みよりも相手の欲求のほうが重要だと考えてしまいます。他人のことなのに責任感を持ち、助けようとすることで、強い結びつきを求める傾向が見られます。

彼らが見せるもう一つの特徴は、情報を処理するプロセスが上《うわ》の空かもしれないという点です。じっくり見ているようで、実際にはよく見ておらず、耳を傾けているようで、実際には聞いていない場合です。これは「回避」という防衛機制を使うからです。つまり、否定的で潜在的に心が傷つきそうな情報を積極的に避けるうちに、情報が圧縮されたり無視されたりする事態がしばしば生じるのです。そうすると、何かを決定すべきときにきちんとした情報がない状態になり、結果的に、決定そのものが難しくならざるを得ないという悪循環に陥ります。

理由が何であれ、決断に困難を感じる人たちが、ジウさんのように自ら問題に気づき改善しようとするケースは稀《まれ》だと見るべきでしょう。それでも、まったくないわけではないので、とりあえず一歩を踏み出し、努力してみる必要があります。

まず、自分が一度下した決定は翻《ひるがえ》さないというトレーニングをします。決定には、選ばなかった物事への未練を捨てることも含まれます。ごく小さなことから始めるのがよく、一度でぱっと選びます。例えば、些細な買い物や、ジャージャー麺を食べるかチャンポンを食べるかで悩むとき、電話をするかしないかで迷うとき、一度でぱっと、すぐに決めるのです。

後悔が伴うときもあるかもしれませんが、少なくとも、決めなくてはならない瞬間の、気持ちの葛藤は減ります。どんな決断を下そうと、ときに後悔がない人生などあり得ないのですから。まずは小さなことから、あまり長く考え込まずに、ぱっと決める練習をしてみては！

犠牲を払っても傷しか残らない関係

「おせっかいな人」というと、幅広い人脈を誇る人物を思い浮かべます。スマートフォンに登録された電話番号だけでも相当の数で、あれこれグループを作り、ときには自分の利益のため

に、聞くだけでも壮大な肩書きをかかげる人たちのことです。

ところが、あくまでも善意で人助けをしたがる親切なおせっかいもいます。知らないうちにあっちこっち駆けずり回り、時間とエネルギーを費やす人たちです。大変なときもあるけれど、当然のことだと考え、大して気にしません。相手に自分の善意が通じればそれだけで満足なのです。

ミンジュンさんがそんなタイプの人でした。一時期「義理！」という言葉がはやり、ほとんどの人には単なるギャグとしてウケていましたが、彼はそうではありませんでした。ミンジュンさんは心底共感し、自分がそんな「義理男」であることをとても誇らしく思っていました。実際に、彼は頼みごとをされると、自分の用事すべてを後回しにして駆けつけました。当然、自分の時間やお金、エネルギーを犠牲にすることがほとんどでしたが、もちろんそれを犠牲だと考えたことはありません。どんなことでも人の役に立てるなら、少しばかりの犠牲を払うくらいなんともないと思っていました。周囲からもその義理堅さを称《たた》えられることが多く、そう言われるほど、さらに一肌脱いでしまうのでした。

そんなある日のこと。会社のトイレで、ミンジュンさんは偶然、二人の同僚が自分の悪口を言っているのを耳にします。まず一人の同僚がミンジュンさんについてこう言ったのです。

「義理男だって？　生まれてこのかた、あんなに出しゃばりなやつは見たことないよ。いったい何様だと思ってるんだ？　スーパーマンとかアイアンマンだとでも？　何でも屋のヒーローか？　ともかくフツウじゃないよ」

するともう一人が非常にシニカルな一言を言い放ったのです。

「ほんとだよ、ああいうやつは国会議員にすればいいんだ。わからないぜ。あの調子じゃ、ほんとに出馬宣言するかもしれないぞ」

その日、ミンジュンさんは大きなショックを受けました。しかも、その会社の同僚は彼の行動を普段「クールでかっこいい」と褒めていた人たちだったので、疑心暗鬼に陥りました。

どんな人間関係も、その根底には今のような関係を作り出した明らかな動機があると言われます。そのとおりです。ミンジュンさんにとって、最大の動機は、他人に認められたいというものでした。そのため、相手が「求めていそうな」ことがあれば、自ら手を貸そうと最善の努力を傾けます。相手に頼まれて手助けすることもありましたが、自分から率先して助けようとしたこともたくさんありました。多くは相手に感謝され、彼はその感謝のおかげで義理男として突き進めたのです。それなのにフツウじゃないとは。彼はこの状況が到底理解できず戸惑い、困り果てました。

もちろんミンジュンさんはいい人です。そのおせっかいも親切心からでした。ただそれがときに拒否不安からくるものだということに気づかなかっただけです。社会的な承認欲求が強い人であるほど、認めてもらえず拒否されたらどうしようという不安が、心の奥底に存在します。その場合、多くの犠牲を払ってでも、相手を喜ばせようと無意識に行動します。相手が望んでいないことにまで手を貸そうとさえしてしまうのです。自分の行動が相手にとっては無駄な干渉で、やりすぎだと思われているとは考えません。つまり、自分の行動が反発を招くとは夢にも思わず、ひたすら前だけを見て走っているのです。

もちろん、自分ではなく他人のために多くの時間を割《さ》いて駆けずり回り、そこに喜びを感じてクールに生きるというのは間違いなくいいことです。関心を寄せ、心を込めて助けること自体を責めるべきではありません。それでも、度が過ぎれば問題になります。とりわけ独立性や自己主張の強い相手にとっては、かなり負担になるだけでなく、怒りを買うことすらあるでしょう。彼らからしてみれば、ずかずかと他人の領域に入り込んでくるだけだと感じるかもしれないからです。

ミンジュンさんは、そう受け取られることもある、という事実を初めて受け入れ、ようやく自分の行動にある程度ストップをかけられるようになりました。「過ぎたるはなお及ばざるがごとし」とは、おせっかいにもあてはまるのです。

ただ自分の気持ちに正直になっただけなのに

他人に利用されて振り回される人たちだけが、人間関係で傷つくわけではありません。ジュウォンさんは、自分のことを自分の気持ちに正直で正義感にあふれるタイプだと思っていました。問題は、普段から友だちに電話をしすぎてしまうというものでした。

話す内容は、会社で今日はチーム長の誰々が先輩風を吹かせてイライラが爆発しそうだったとか、社会人としての基本もなっていない後輩の誰々に考えが古臭いと言われたとか、大声で騒ぐマナーの悪い人たちに地下鉄で遭遇して、ペットボトルでも持っていたらバッと水でもかけてやれたのに、そうできずに悔しかったとか、いつも同じような話題ばかりでした。そこまではまだ我慢できるかもしれません。ジュウォンさんの言うとおりなら、相手に非があるのは明らかだったからです。けれども、良心に従ってルールを守って生きているのは自分だけ、とでも言いたげな様子には、友人たちもうんざりしていました。

普段から、急に怒り出すことの多かったジュウォンさん。晴れていれば肌にシミができると怒り、雨が降れば靴が濡れると怒るといった具合でした。経済的に恵まれている友人たちを見れば「お金があり余っているのね。いいご身分ね。夫に恵まれたわね」とイライラするので、聞いているほうが疲れるほどでした。さらにひどいのは、気分が落ち込むたびに、「私、今す

ごく落ち込んでいて死にそうだから、なぐさめて」とみんなに電話をかけること。聞き入れてもらえないと、それはそれでまた腹を立てるのです。

一人二人と音信不通になり、電話をかける相手もいなくなってしまったとき、彼女は大きなショックを受けます。いったい自分の何がいけなかったのか、まったくわからなかったのです。

「だって、相手のほうが悪いんだから頭にきませんか？　それに、腹が立つから腹が立つ、イライラするからイライラする、落ち込んでいるから落ち込んでいると話すことの何が悪いんでしょう？　不満があっても溜め込まなくてはいけないんですか？」

ジュウォンさんのように、うまく怒りをコントロールできず、自分は正しく良心的な人間だから、間違ったことを見るとカッとなるのだと思っている人たちがいます。些細なことにも厳格に原理原則を振りかざして怒り出す人たちで、彼らの人間関係のパターンを見ると、ほとんどが攻撃的な支配欲を持っています。一言で言うと自分の思いどおりにコントロールしたがり、そうできないとすぐに腹を立てて攻撃的になって、被害者意識を膨らませていくタイプです。そのうえ正義感まで強いと思い込んでいれば、最悪の組み合わせと言えます。確固たる信念があるぶん、行動も正当化されてしまうからです。

カウンセリングが進むうちに、ジュウォンさんは「世の中の人すべて、自分と同じだと思っていた。そう言われてみれば、どうやって怒りを抑えて、やんわりと遠回しに伝えたらいいのか、これまで学んでこなかった」と本音をこぼしました。このような人たちは、自分の人間関係のパターンが攻撃的で支配欲が強いこと、それでしょっちゅう怒りが爆発するのだと、まずは理解する必要があります。自分自身がそこに気づいていない可能性がとても高いからです。

先ほど述べたように、自分の中には自分でも知らない自分が存在します。ほとんどの場合は、より目立つ部分があり、その部分が人間関係のパターンに最も大きな影響を与えているのは間違いありません。つまり「湧き上がってくる感情をぐっと押し殺して溜め込んでおくタイプ」と、「何でも外にどんどん出していくタイプ」は当然異なり、その違いが人間関係はもちろん、人生まで形作っていきます。

そのため、自分の人間関係のパターンがどのタイプに属するのか、一度深く考える時間を持つ必要があります。そうすれば、今まで到底理解できず、我慢ならなかった相手の姿もある程度は理解できる瞬間が訪れます。そのように少しずつ落としどころを見つけていくと、人間関係もそれだけ成熟し、発展していく日がやってくるはずです。

「自分は正しい」という思い込みが強すぎるとき

私たちは誰もが自己中心的です。普段は違うとしても、ピンチの瞬間にそんな姿を見せない人など、ほとんどいないと言っても過言ではないでしょう。私自身も同じです。私たちが人間関係で失望するのはどんなときでしょうか。普段はそんな素振りを見せない人が、ピンチに見舞われたとき、自分のことしか考えない姿を見せたときではないでしょうか。とはいえ、世の中には、あまりにも気まぐれで自分本位、我儘《わがまま》でパーソナリティ障害が疑われるような人も確かにいます。

世界的に最も有名なそうした人物はスティーブ・ジョブズでしょう。彼の伝記で元恋人のティナ・レドセ（ジョブズが妻ローリーンとの結婚前、レドセがきれいか、ローリーンがきれいかと周りが騒いでいたことがあった）の評価はなんとも辛辣《しんらつ》です。

「スティーブは自己愛性パーソナリティ障害だったと思う。彼がもう少し親切でもう少し自己中心的でない人であってほしいと望むのは、まるで視覚障害者に目が見えるようになってほしいと思うのと同じだとわかった。共感に問題があるように思えた。彼は共感力に欠けた人間だ」

アップルの創業仲間であるスティーブ・ウォズニアックとジョブズの、まるで異なる性格についての話も興味深いのですが、ウォズニアックは「僕は誰かに嫌なことをされたとしても、正面からはぶつかりません。それでも彼らに親切にし、心からにじみ出る愛で接するべきだと思います」という言葉を私心なく言える人だそうで、実際そのとおりに実践しました。彼とは反対に、ジョブズは自分のことしか考えないワンマンな人間で、典型的なナルシスト型として知られています。ただ誰かが言うように、彼は「まぶしすぎるほど秀でた人物で、規則にあてはまらないケース」なのかもしれません。仮にそうだとしても、ジョブズの強烈な自分本位の性格に傷つけられた人は少なくないと、その本は明かしています。

ドウォンさんも、そういった面ではジョブズと似たタイプです。世の中は自分中心に回っていると考え、どこにいても遠慮なく自分の意思を表しました。問題なのは、その多くが、目立ちたいがために巧妙に他人を傷つける言葉だったり、欲しいものをすぐに手に入れるための利己的なジェスチャーだったりする点です。当然それによって傷つく人たちがいましたが、彼は気にも留めませんでした。ひょっとすると自分の行動がよくわかっていなかったのかもしれません。もともと他人に関心がないうえ、共感力に欠けていたからです。

彼は自分の優れた点をアピールすることにまったく抵抗がありませんでした。近頃のような自己アピール力が求められる世の中で、それは非常に大きな強みでもありました。初めて彼に会った人の中には、そのスピーチ力と態度に惹《ひ》かれ、とても魅力的だと感じる人もいました。彼が発するエネルギーや自信、特に妙に堂々としたカリスマ性などは人を引きつけました。でもそうした態度は、相手を思いのままに操るための装置にすぎませんでした。彼のカリスマ性の裏には、相手を自分の思いどおりに牛耳《ぎゅうじ》りたいという支配欲が隠れていたのです。

もちろん関係を築く初期段階でそのことに気づける人はごくわずかです。多くは彼の魅力に引きつけられます。ところが少し経つと、途端に誰もが彼を遠ざけはじめました。表面的な関係のときは魅力を感じても、内面を知ると、周囲に留まる人がいなくなるのです。彼は、攻撃的な口調で、離れていった人たちを罵《ののし》りました。

このようなタイプは、先に見た、怒りをコントロールできないタイプと対《つい》をなす場合がほとんどです。傷つけたり助言したりしてくる人に恨みを抱きながら、一方で他者の痛みには気づかないまま攻撃性を見せるのです。感情の起伏が激しく、情緒不安定な印象を与えるのも彼らの特徴です。一見、感情豊かに見えることもありますが、それは自分の苦しみについてだけで、他者の感情への理解や思いやりはほとんどないケースも多いのです。

誰しも自分は正しいと思うものですが、特にこのタイプはその傾向が顕著です。そのため、何か問題が起こっても、自分の理解の範疇《はんちゅう》を超えた核心的な原因を受け入れられず、周りが教えたとしても、カッとなって反発するのがやっとです。そして、自分には何の落ち度もないのに、わかってもらえず苦しいと主張します。そこを指摘でもしようものなら、合理化、ないしは知性化（感情から自分を切り離して、理性的で知的な分析によって問題に対処しようとする防衛機制）という壁で自分を囲ってしまう場合も多く、その壁を破って近づくのは難しくなります。

例えば、「あなたは本当に自己中心的だ」と言えば「おや、自己中心的じゃない人間がどこにいる？『利己的な遺伝子』という本も読んでないのか？」という具合にです。

アイロニカルなことに、こうした自己中心的な人たちは人間関係ではほとんど悩みません。自己中心性が強いほど自己愛が強いためで、精神医学者のカレン・ホーナイはその状態を指して「自己優越感（self glorification）」と呼びました。つまり、自分の周囲を明るい光で照らそうとすると、その光によって相手が見えなくなる、ということが起こるのです。

ドウォンさんがまさにそのタイプでした。彼の周辺には心を許し、親しく付き合える人が一人もいませんでした。彼自身はそのことを大して気にかけているようには見えませんでしたが。彼は、自分の置かれたその状況に気づくくらいなら（もちろんそれすらできなかったけれども）、いっそのこと、自分が偉くて賢すぎるために嫉妬《しっと》され、周りから遠ざけられていると考えるほうを選んだのです。結果的には、本人ではなく、しょっちゅう彼と接する周りの人たちのほうがつらい目に遭うことになります。強《し》いてメリットを挙げるとすれば「彼を反面教師にして自分自身を少し見つめ直せる、といった程度？」というのは言いすぎでしょうか。おそらく過言ではないと思います。

自己中心的な人たちに対しては、ナルシシズムの順機能を伝えながらアドバイスします。ナルシシズムの逆機能が「自分だけが正しいこと」ならば、順機能は、自分にとって自分が正しいように「相手にとっても相手の考えと価値観が正しいこと」を受け入れるものです。それができれば、自分の価値観や考えを人に押しつけなくなります。

また、嫌いな人の姿は自分自身の姿でもあると知る必要があります。自分本位な人ほど、自分と同じような性質を他者から見せつけられることに耐えられず、直そうとしますが、結局それは、相手の中に自分を見ているからなのです。周りに嫌いな人がいたら、その人は自分なのだと考えてみましょう。あわせて人間の心理を知ることも重要です。自己中心的でも自分の心を探ろうとする人は、カウンセラーのアドバイスを案外すっと受け入れるからです。

周囲から誰もいなくなるという痛みを避けるために、誰にも例外なく、最低限の努力が必要なのだと知っておいてください。

気持ちを打ち明ける相手がいなかったら

　ソジンさんは、彼女と別れるかどうか悩みはじめていました。どんな話でもどんな行動でも、自分に共感し、応援し、支持してほしいと求めてくる彼女がわずらわしくなったからです。ソジンさんにとって、それはそもそも不可能なことでした。彼はこれまで誰に対してもそんなふうに感情移入をしたことがなかったからです。そのうえ共感だなんて、彼にとってはあり得ないことでした。彼はどんな場合でも理性的に、理路整然とした基準で世の中を見ようとする人でした。問題が起きても、冷静に合理的に解決することを原則にしていました。感情に引っ張られて問題にしがみつき、悲嘆に暮れ、怒り出す人を見るたび、理解に苦しみました。

　やたらと親しさを見せつけようとするタイプは最も苦手でした。前後の見境なく出しゃばる人は、彼にとってはほとんど軽蔑の対象でした。もちろん表には出しませんでしたが。傍目《はため》には適当に合わせていたので、彼の周囲にはたくさんの人がいました。その気になりさえすれば、彼はいつでも親切におおらかにふるまうことができました。でも、そんなふうにふるまえばふるまうほど、内面はそのぶん、冷淡になっていきました。

　ソジンさんは心理検査によると、他者への親密感や愛情表現、同情心、共感、配慮、寛容などの傾向を測る尺度がかなり低いケースでした。一方で、独立的で自己中心的な面がずいぶん

あり、人間関係で親しみや共感を覚えることがほとんどありませんでした。その部分をつねに代わりに埋めていたのは、理性的な物差しと理路整然とした考え方でした。そのため、周囲の目には倫理的で公平無私な人に映ることが多かったのですが、少しでも親しみを持って近づいた人は、すぐに冷たい壁に立ち塞《ふさ》がられたような気分を味わうのでした。一見、何の問題もなさそうなのに、まったく本音が読めない人だという感覚にとらわれてしまうからです。

恋人と別れるかどうか悩むときは、親しい人に打ち明けて相談することが多いですが、対人関係のパターンが冷淡型に近いソジンさんにとっては、それもやはり不可能でした。周囲に人はいても、すべて表面的な関係に留まっていたからです。そもそも彼の頭の中には、誰かにアドバイスをしてもらおうという考えすら浮かびませんでした。私的な胸の内を打ち明けること自体、あり得なかったのです。

結局、こうしたタイプの人と関係を結ぶ立場になったら、一定の距離を置いて付き合うほかありません。こちらはそうしたくなくても、相手がそれを望んでいると認めれば、そうする以外ないのです。でなければ、相手の関心のなさや冷淡さによって、こちらのほうが傷つけられてしまう可能性がぐんと高くなるからです。

子どもの頃に傷ついた経験から、自分の感情を感じ取ることができず、人間関係でも距離を置いてしまうクライアントの相談を受けたことがありました。私は「とても心が痛みますね。

もしもあなたが、これまで自分の感情というものを感じられてきていたとしたら、そんなふうに耐えきれなかったはずですよ」と伝えました。すると、その人はわっと泣き出しました。そして「今までは泣く人が理解できなかったけれど、泣くとこんなに心がすっきりするのだと初めてわかった」と明かしてくれました。

このように冷淡型の人には、カウンセリングの治療プロセスで、氷が徐々に解けるように、その人が自分の感情を自ら感じられるようにしてあげるのがいいでしょう。行きすぎたプライドと優越感、支配傾向が、心理的にとても根深い劣等感と不安から生まれるように、冷淡型もカウンセリングをしてみると、その根底には見捨てられるかもしれない拒否不安が潜むケースが多くあります。つまり、根本的な不安を氷の壁で囲い、守っているのです。

もし、自分がそのタイプだと思いあたる場合は、事件としか記憶されていない出来事について、当時、自分がどんな感情を抱いていたのか、具体化してみる経験が重要になります。そして、その感情が○点から一○○点のうち何点にあたるかを考え、そのときに浮かんだ記憶と思いを書き出していくトレーニングをします。そうしているうちに、だんだんと内面の氷が解け出していくのを経験し、人間関係でも、暖かい春の日を迎えられるようになるでしょう。

真面目な人たちが陥りやすい落とし穴

日本には「風が吹けば桶屋《おけや》が儲《もう》かる」という言葉があります。バタフライエフェクトを連想させる言葉です。風が吹けば砂埃《すなぼこり》が舞う。砂埃が舞うと目の病気にかかる人が増える。かつては目の見えない人が三味線で生計を立てることが多かったため、目の病気で目が不自由になった人たちは三味線奏者になり、今度は三味線の需要が増える。三味線は猫の皮でできているから、猫の数が減るのは当然のこと。そして猫の数が減れば、増えるのはネズミです。ネズミは桶をかじるため、桶屋は新しい桶を作らなければならず、結局、風が吹いたら儲かるのは桶屋だというわけです。

ごく些細な偶然が、ときにまったく予想外の結果をもたらすこともあるというたとえです。さらに、そのような結果を謙虚に受け止めるべきだという意味も含まれています。もう少し哲学的に言うなら、人生は、偶然と変数とアイロニーの集積でもあると理解すべきだ、ということです。

ところが、それをなかなか理解できない人たちがいます。「自分は必ず～しなければならない」という当為《とうい》の概念に閉じ込められているケースです。ちらっと聞いただけでは何が問題なのかと思うかもしれませんが、このような考え方をしていると、少なくとも次のような問題が

生じます。
まず、予期しない出来事が起こったとき、適切な対処が難しくなります。次に、そうなった原因の相手を恨み、自分を責めることで生産的なエネルギーを無駄にします。そして、その考え方を他人に押しつけることで、人間関係を悪化させるという結果を招きます。

大企業の役員に昇進して間もないスンスさんが、カウンセリングを申し込んできました。表向きには、新しく配属された上司とのいざこざが理由でした。スンスさんは、これまで自分が成し遂げてきたことに対しての強い自負心を持っている人でした。ベストを尽くして人生に完璧を期してきたため、役員に昇進できたと信じていました。もちろんそれは間違いではありませんが、問題は、一〇〇パーセント真面目にやってきたと信じる人にありがちな、攻撃性と怒りが彼にもあったという点です。

このような人たちの最大の特徴は、自分のミスは言うまでもなく、他人のミスも見過ごせない点です。同僚や部下はもちろん、家族にも容赦なくふるまうことが多いのです。そのようなタイプの人生の公式の一つに、自分は極めて真面目で最善を尽くす人間なので、つねに自分が正しいと考える、というのがあります。そうした物差しを持っている以上、彼らに人間らしい魅力を期待するのは難しいでしょう。スンスさんも同様でした。

そんな彼が昇進し、新たな上司を迎えたところで問題が表面化しました。上司もスンスさんと同じタイプだったのです。いや、上司のほうが彼よりも上でした。上司はスンスさんのやることなすことすべてが気に入りませんでした。彼のミスが原因ではありません。上司もまた、自分が世の中で最も真面目で、そんな自分は全面的に正しいと思い込んでいたのです。そうなると、やはり気に入る部下などおらず、スンスさんも例外ではありませんでした。

人生で初めて壁にぶち当たったと感じた彼は、ある日、本当に駐車場の壁に車をぶつけてしまい、初めてカウンセリングに訪れました。

初回に心理検査を行った結果、彼は完璧主義で、柔軟性など見当たらないタイプだとわかりました。驚いた彼は、あり得ないという反応を示しました。自分はこれほど合理的で柔軟性のある人間なのに、なぜそんな結果になるのかと。それはある意味、当然の反応でした。自分は真面目で正しいという考え方には、自分は非常に合理的で寛大で柔軟であるという幻想も含まれているからです。もしかすると、彼の上司も同じかもしれません。同じタイプ同士だったので、関係改善の糸口がなかなか見つからなかったのです。

私はさまざまな点を説明してから、何より柔軟性を高めるトレーニングをするようお願いしました。最初は心の角度を一インチだけ広げてみてほしいと頼みました。柔軟性に欠けた人たちのまた別の特徴である、こまかすぎたり論理的すぎたりする面を変えるには、周りを見る、心の角度をほんのわずかでも変えてみる必要があるからです。

几帳面という意味の英語「meticulous」の語源は、「恐れる」という意味のラテン語

「meticulosus」だと言われています。別の言い方をすれば、あまりにも緻密な完璧主義を目指しているということは、心にそれだけ大きな恐れが根づいているという意味になります。その恐れをなくすためには、自分の人生を新たな角度から見つめる勇気が必要です。ほんの一インチであっても。

もちろんスンスさんも初めは強く抵抗しました。けれども、時間が経つにつれ、彼は自分の問題を認識し、上司の姿がそのまま自分の姿なのだと受け入れました。彼のように、人生はときに、偶然と変数とアイロニーの集積でもある、という事実を受け入れられたら、自分が一番真面目で自分が一番正しいという白黒思考からも抜け出せます。それだけでなく、自分や他人の失敗も大目に見ることができるようになるのです。風が吹けば桶屋が儲かることもあるのだと、気づくように。

訳注

※1 『ここだけの話』斎藤兆史訳、白水社、一九九三年より引用

CHAPTER

2

傷ついた人は
多いのに、
傷つけた人は
いない理由

自分自身より難しい存在はない

想像以上に多くの人が、自分だけが人間関係で傷ついていると思いながら生きています。そんな心理の根底には「一次的ナルシシズム」が潜んでいます。

「自分は優しくていい人間だ、そんな自分が他人に被害を与えたり傷つけたりする行動を取るわけがない、だから人間関係が悪化するのは相手に過《あやま》ちがあるという意味だ、自分がつらいのは彼らが自分を傷つけるからだ」といった考え方が基本的な前提になっているのです。

もしかすると少々手厳しく聞こえるかもしれませんが、基本的にそんなナルシシズムを持っている存在が人間なのです。そうした心理が若干、病的な方向に傾くと、自己憐憫《れんびん》に陥り、自分だけが傷つき、自分だけが寂しく、自分だけがなぐさめてもらえず、自分だけがかわいそうな存在だ、という考えに取りつかれてしまうのです。逆に自己嫌悪が強くなるケースもあります。その場合もやはり、自分だけが傷つき、自分だけが疎外されているといったような被害者意識から抜け出しづらくなります。

既婚者と不倫関係にあったジアンさんはとても混乱していました。ようやく人生のスタートを切れるという年齢で経験した、道を誤った出会いは彼女の心を荒《すさ》ませました。そんな関係に

はまるまでは、不倫を扱ったドラマや小説、映画の中の物語はどれも他人事でした。そんな愚《おろ》かで陳腐な恋にはまるなんてどうかしている、と呆《あき》れていたのがまさしく彼女だったのです。

ところがいざ、自分がその状況に置かれてみると、話は違ってきました。切なく苦しくみじめでなりませんでした。耐えきれなくなった彼女は、相手の男性に離婚を迫り、自分と結婚してほしいと切り出しました。そこから状況は急転直下しました。相手から避けられるようになり、やがて会うこと自体を拒否されるようになったのです。この手の話の結末がつねにそうであるように……。

ジアンさんは、相手の男性への恨みと後悔、怒りと被害者意識で復讐心《ふくしゅうしん》に燃えていました。見るに堪えなくなった彼女の行動は、さらに破滅的になっていきます。挙句の果てに、二人とも会社を辞めざるを得ない事態にまで進展すると、見かねた友人が助け舟を出し、ジアンさんはとうとうカウンセリングを受けることになりました。相談初期、ジアンさんの怒りは、世の中への敵愾心《てきがいしん》へと変わっていました。彼女は世の中の人を二つに分けていました。不幸な自分と、幸せなほかの人たち。彼女は自分を除いたこの世の全員が幸せだと言い、幸せな人たち全員を憎んでいました。

彼女を見ながら、私はフランスの作家ギヨーム・ミュッソが本にしたためた文章を思い出しました。

「この世に幸せそうに見える人たちが多いのは、彼らが全員、通りすがりの人たちだからだ」

そんなある日、彼女は興味深い経験をすることになります。男に裏切られたと苦しむ会社の後輩に、彼女はこんなアドバイスをしていたのです。

「どのみち離れていく人は、離れていくものなのよ。一人で不幸をかみしめていたって、自分が損するだけよ。男と女が別れるときはクールに送り出すのが一番いいの。そうせずに恨んで復讐しようとすれば、結局、残るのは、ぼろぼろになった自分だけ。だから、あなたもこれ以上時間を無駄にしないで、もう忘れてしまったほうがいいわよ」

後輩にたくましいアドバイスを送ったジアンさんは、そんな自分自身に驚きます。それだけ心が回復してきたということなのでしょうが、他人には合理的なアドバイスができるのになぜ自分にはできなかったのか、という疑問が湧き上がるのを抑えられなかったようです。彼女はため息をつきながら話を続けました。

「後輩にしたアドバイスをあのときの自分にしてあげられたら、どんなによかったでしょうか。そうすれば、あんな過酷な試練だって避けることができたのに」

彼女の後悔が痛いほど伝わってきました。けれど、人生でそんな後悔を一度もしない人などどれだけいるでしょう。『今わかっていることをあのときもわかっていたら』[※1]というタイトルの詩集もあるくらい、遅すぎる後悔と嘆きを幾層にも重ねながら生きていくのが、私たちの人生なのかもしれません。

なぜ私たちは他人にするように自分にはアドバイスできないのでしょうか。私たちが他人の抱える問題に対してアドバイスできるのは、その人の問題を人生で起こり得る一般的な出来事としてとらえているためです。一方、自分の問題については、客観的な見方を保つことができません。ジアンさんのケースが最たる例です。彼女が耐えきれずに、自分を苦しめた相手に復讐しようと思ったのは、それが一般的な出来事ではなく、「自分に起こったという、特別さ」のためです。つまり、他人の人生では起こることはあっても、自分の人生では決して起こってはならないことが起きたからなのです。

人間は誰でもひどくナルシシズム的な存在です。今この瞬間の自分ほど、この世で重要な人物はいません。アルゼンチンの詩人・作家のホルヘ・ルイス・ボルヘスが「八岐《やまた》の園《その》」で表現した、かの有名な文「数十世紀の時間があろうと、事件が起こるのは現在だけである。空に、陸に、海に、無数の人間があふれているけれども、現実に起こることはいっさい、このわたしの身に起こるのだ……」[※2]が意味するところは何なのでしょうか。ボルヘスはひたすら今の自分に集中するしかない人間の姿を描いたのです。

他人にするように自分にアドバイスする行為自体が、理屈に合わないことなのかもしれません。それができる方法が唯一あるとすれば、自分に対しても客観的な視点を持つよう努力することです。自分に起こるさまざまな問題もまた、ただ人生で起こり得ることなのだと受け入れるのです。このとき「なぜよりによって自分に？」と意味を探しはじめると頭が痛くなってしまいます。

人生のあらゆる問題は一般的でありながら特殊です。自分に起こる問題は、人間であれば誰しも経験し得る問題だという意味です。ユングは、一般的な問題を一般化して見ることができるときは、自分のコンプレックスが影響していないときだと証明しました。彼は「言語連想検査」によって、人は自分にとって特別な意味のある単語を見せられると、それについての連想が遅延することを突き止めました。例えば、父親と良好な関係にあるとしたら、「父」という単語にもいいイメージを持ちます。逆に、父親との関係がよくないなら、「父」という単語を聞くと、心の中には父親への怒りの感情が湧き起こります。そうすると、それを隠すために父親を美化したり、一般的な父親像に対して怒りを覚えたりするのです。

他人の問題は、自分の感情に支配されないため、客観的に観察し判断することができます。

ところが、自分の問題には感情が働きます。裏切った人への怒り、心の傷による憂鬱や苦しみ、悲しみ、未来も同じことが起こるのではという不安や恐怖などの感情が、私たちの脳に一定の作用を引き起こすのです。

「頭にきて何も考えられない。忘れられるわけがない」と言う人がいるように、思考と感情が共存する例はいくらでもあります。最近の脳科学の研究によれば、感情と思考は切り離せない相互関係にあることが明らかになっています。思考が感情に影響を与え、感情もまた思考に影響を与えるというのです。これは、自分が感じる感情が大きくて強いほど、思考もまた同じような重さでその感情に支配されてしまうことを意味します。したがって、感情が渦巻いているときは、何かを決めたりせずに、少なくとも一定期間、その決定を後回しにするのが賢明です。

波が高いときは、海の中を見ることができません。穏やかなときにだけ、海の中を見ることができるものです。人間の心も同じです。自分の心の中がありとあらゆる感情の波で荒れ狂っているときは、いったい自分が何を求めているのか、どこに行くべきなのか、気づきにくいのです。どんな感情であれ、時間が経《た》てば落ち着きます。私たちの心を守ろうとする心理的な防衛機制が働くためです。

起きてしまったことを繰り返し思い出し続けるのは、過去に留まり続けているのと同じです。生きなくてはならない場所は現実です。現実を生きていくために、新しいことに心を開かなくてはなりません。過去への執着、恨みと被害者意識で埋めつくされた心には、新しいものが入る余地がありません。そのことを認め、現実を受け入れたときに「そうか、最初から間違った相手だとわかっていながら会っていた自分にも、責任があるのかもしれない」と感情をうまく吐き出すことができるのです。

仲良くなるのが難しい人はどうしてもいるもの

ウンソさんはうまく人付き合いができずに悩んでいました。内気でシャイな性格で、自分のほうから相手に近づくことなど考えられませんでした。唯一、何でも話せたのが高校時代からの親友でした。活発だったその友だちは、高校一年生のときに席が隣になるとすぐに親しく話しかけてくれました。おかげでウンソさんも打ち解けて仲良くなることができたのです。高校三年間はその友だちが一人いるだけで十分でした。

口数が少なく気の小さいウンソさんは、ほかに友だちを作ることがなかなかできませんでした。クラスメートも、その親友以外、誰も興味を示してくれませんでした。一番の理由は存在感がなかったからですが、それもじつは意図的なものでした。ウンソさんは目立つことが死ぬほど苦手だったのです。高校時代、願わくば誰の目にも留まらず、影のように過ごしたいと思

っていました。それはほぼ成功したとも言えます。親友以外は、誰も彼女の存在を気にも留めなかったのですから。

大学に進学してからも彼女の性格は変わりませんでした。内心、その気になれば誰とでも仲良くなれる親友が羨ましいときもありましたが、いざやってみろと言われたらできない気がしました。親友に打ち明けたこともありました。どうしてそんなにエネルギーに満ちあふれてみんなと仲良くできるのか、本当に不思議でならないと言うと、親友はこう答えました。

「私は人と会うことが好きなの。いいなと思う人に出会うと、それを伝えたくなって、気がついたらその人に話しかけてるの。あなたともそれで友だちになったんじゃない。あなたみたいに取り澄ました子は、こっちから声をかけない限り、知らんぷりしてるでしょ。私は一目でそれを見抜いたわよ」

ウンソさんは成績もよく、資格取得やスキルアップに励んだおかげで、大学卒業後はいい会社に就職しました。まったく新しい人たちと新しい関係がスタートするので、今回は彼女も少し変わりたいと思いました。自信を持って心を開きたいと考えたのです。でもいざ行動に移そうとすると、どうしてもその方法がわかりませんでした。気持ちとしては勇気を出したいのに、実行しようとすると体が先に固まってしまうのです。

そんなウンソさんと違って、ゴヌさんはよく知らない人とでもすぐに仲良くなれるタイプです。ところが、何でも話せる親しい友人はほとんどいませんでした。表面的な付き合いに留まるのが精一杯だったのです。彼は何人かで一緒にいるときは、とても活発で賑《にぎ》やかな人でした。おもしろい話を覚えておいて、ここぞというときに活かす会話術にも長《た》けていました。おかげで彼がいると盛り上がり、楽しい会合になりました。けれど、それは大勢でいるときに限っての話でした。相手が誰であれ、二人きりになると状況は違ってきました。互いに相手をよく知らないことに急に気づき、おろおろするうちに気まずい雰囲気になってしまうのです。

人間関係は何より楽しくなければ、というのが彼の持論でした。会う人を楽しませるため、つねにネタを探し回っていました。おもしろい話をして笑わせるたびに、みんな大喜びしました。その瞬間だけは自分が認められたような気がして、いい気分になったのです。いい大学を出て、人も羨むような会社に勤めていましたが、自分よりうまくいっている人に会うたび、いつも引け目を感じていたからです。

ゴヌさんは、誰からもすごいと認めてほしくて奮闘していましたが、そこには自分の本音がありませんでした。夜遅くベッドの中で、人の機嫌取りばかりしていた日中の行動をふっと思い出すたび、何であんなことをしたんだろうと落ち込んだりするのです。結局、時が経つにつれ、そのことに気づく人たちが出てきて、彼とは一線を引くようになりました。ゴヌさんは、自分が望む親しい関係を誰とも築くことができませんでした。

この二人のように、人間関係で親しくなることを恐れる人たちは意外とたくさんいます。彼らに尋ねてみると、ほとんどがそうなるだけのさまざまな理由を抱えていますが、大体、次の三つに集約することができます。

一つめは、親しさを表して、心を通わせ合うことを学んだ経験がないためです。これは一定のルールがあったり教科書的に学んだりするものではありません。成長過程において、周りの人たちを見ながら情緒的に身につけていくケースのほうがずっと多いのです。ところが、自然にそれを習得していないと、やはり問題が生じてしまいます。

二つめは、気質的にぎこちなさを感じるためです。例に挙げたウンソさんがここに含まれます。彼女のように内気でシャイだったり、ときには無愛想で不親切だったりする場合、自分から相手に近づくことは想像もできません。彼らにとって対人関係ほど難しい問題はないので、やってみようとも思えず、自分にはとてもできないと決めつけてしまうのです。

三つめは、拒否されることに対する恐れです。これは親密な関係を恐れるすべての人にあてはまります。ウンソさんが影のように生きようとするのも、ゴヌさんがみんなを楽しませて認められようと必死になるのも、拒絶されるかもしれないという心理が原因です。自分がやっとの思いで親しみを表して近づいても、相手がそれを受け入れてくれないかもしれない、という恐れが問題の根源です。興味深いのは、そういった恐れは誰もが持っているという点です。ただ積極的にそれを乗り越えようと、勇気を出すか出さないかの違いなのです。

人がお互いに好感を抱くには、いくつもの変数が関わってきますが、どんな状況でも決して変わらないルールが一つあるとすれば、先に心を開いて近づいてきてくれた人を嫌うケースはほとんどないということです。

映画『バグダッド・カフェ』では、そんなシーンがとてもリアルに描写されています。トラックがちらほら立ち寄る、荒涼とした砂漠に佇《たたず》むカフェに、ある日、一人のドイツ人の旅行客が現れます。カフェの女主人は、太って魅力的でもないうえ訛《なま》りのある英語を話すおかしな女性客に関心を向けるほど暇ではありません。ところが、その旅行客はモーテルの部屋の掃除を買って出るだけでなく、女主人の息子や長期宿泊客にも気を配ります。追い出そうとばかりしていた女主人の心境もやがて変化し、映画は感動的なラストを迎えます。

この映画は人間関係の不変のルールについて、改めてじっくりと考えさせてくれます。誰かと親しく心を交わしながら一緒に過ごしたければ、先に心を開いて近づき、最後まで諦めてはいけないという重要なことを教えてくれます。

それにもかかわらず、人間関係でもう一つ不変のルールがあるとすれば、どうやってもお互いに近づくのが難しい人は必ずいるということです。

世の中はあらゆるタイプの人間で構成されています。そうなると、どうしても自分とは反《そ》りが合わない人が必ず出てくるものです。村上春樹のある短編を読むと、次のような文章が出てきます。

「誰にだって、どんな人にだって一生のうち一度くらいはそういうことがあるんじゃないかと思います。理屈抜きで誰かを嫌いになることがです。僕は意味もなく他人を嫌ったりする人間ではないと自分では思っていますが、それでもやはりそういう相手っているんです。理屈じゃありません。そして問題は、大抵の場合、相手の方もおなじような感情をこちらに対して持っているっていうことなんです[※3]」

作家の言うとおりです。こちらが相手と合わないと感じていれば、相手もそれに気づき、追い払おうとします。そういうときは無理をせずに距離を置くほうがいいでしょう。その状況を一般化して「私はどうして他人から相手にされないんだろう」と残念がる必要はありません。

そのかわり、何でも話せて一緒に過ごせる相手を見つけたときは、関係が続くように努力したいものです。最初はぎこちなく、不安にもなりますが、それは親しみを表すときに、ほとんどの人が同じように抱く感情です。自分が気にかけた相手もまた、相手から先に手を差し伸べてほしいと思っています。誰かに好感を抱き、親しみを表したいと思ったときは、真っ先にそのことを思い出してください。そして、心を通い合わせることができたなら、ある作家の次の言葉を心に留めておいてほしいと思います。

「結局は、大切な人の手を探して、その手を握りしめておくために、ただそれだけのために、私たちはこの退屈に流れていく時間をなんとか生きているんです。そうじゃないですか？」

世の中に傷つけられたと、深刻にならなくてもいい

つねに周囲の人への怒りと被害者意識に満ちている男性がいました。ヨヌさんは頻繁に、そして簡単に、誰かに傷つけられていたのです。彼自身は他人に対し、自分なりにベストを尽くしていると思っていました。誰に対してもできる限り礼儀正しくふるまい、相手の意見を尊重し、適切な配慮もしていると。

それなのに、他人からはそんなふうに、少なくとも自分が思っているふうには扱ってもらえませんでした。逆に、相手にしてもらえず、除《の》け者にされるほうが多かったのです。みんな礼儀知らずで、大事にしてくれず、気配りなど望むべくもありませんでした。

自分一人だけが傷つき、苦しんでいるように感じ、ますます寂しくつらくなりました。人を

傷つけても何も気にせず笑い合っている人の姿を見るたび、彼は被害者意識と怒りに打ち震えました。かと思えば、どうしてこれほど人間関係で嫌な目にばかり遭うのだろうと自己卑下の感情にも苦しみました。自分を馬鹿にして傷つけてくる人間たちに、なぜきちんと対処できないのか、本当に自分自身が情けなく、ダメな人間だと感じることばかりで、しまいには「どうして自分はこの程度の人間なんだろう」という嘆きにたどり着くのでした。

あるとき、診療室の椅子に座る前に、ヨヌさんが私の顔を数秒間まじまじと見ているので、その理由を尋ねました。すると、こう聞き返されたのです。

「先生も、僕の視線が気まずくて負担に感じますか」

私は、当然みんなそうではないのかと答えました。すると彼はこう続けたのです。

「ほかの人にも、そんなに見られると居心地悪いと言われます。けれど、僕としても仕方のない癖なんです。これまで人間関係で、あまりにも一方的に傷つけられてきたせいで、そうなってしまったようで。相手がどんな人なのか、騙《だま》しているのか、裏がないのか、知りたくなってしまうんです」

そうすることで思いどおりに相手が見抜けるのかと聞くと、彼はうなだれました。そんなことは無理だとわかっているのに、癖が直らないということでした。それだけ被害者意識が根深いのでしょう。

私は彼に「一、二回会っただけで相手のすべてを知ることはできません。こうして深い話をしていても、相手を知るのに長い時間がかかりませんでしたか」と言いました。一、二回会うだけで相手をわかろうとするのもやはり、絶対に騙されたくない、という被害者意識からきているのだと。

イソさんも、人間関係でなぜ自分だけが傷つかなければならないのかわからないと訴える一人でした。数少ない友だちに会ったときも、それぞれ自分の話をするのに夢中でした。つらい気持ちを打ち明けたところで、それは大変だと一蹴されて終わりでした。それなのに、彼女が友人にそんな反応をすると、つれないだの裏切られただのと大騒ぎするのです。少なくとも友だちであれば、それはないのではと思い、会合にも出たくなくなりました。

家族もそっけないのは同じでした。むしろ家族という名のもと、傷つけ合うほうが多いくらいです。結婚して実家を出た二人の姉は、経済力のない年老いた両親に、お金を無心してきました。そのたびに割を食うのは彼女でした。社会人になって十年目なのに、積立預金の通帳が一冊もないのは、きっと自分だけだろうと思いました。

彼女の目には、自分以外のすべての人がやりたいようにやって生きているように見えました。この世の中で傷つき苦しんでいるのは自分だけのような気がしたのです。その思いが強くなるほど、孤独感や疎外感、被害者意識ばかりが膨らんでいきました。人間関係もだんだんと悪化し、被害者意識にとらわれて、小さなことにもすぐにカッとなる彼女は、次第に周りから敬遠されるようになりました。そんな自分の状態に気づいていなかったイソさんは、どうして自分だけ傷つけられるのかわからないと、ただ悔しがるのでした。

自分だけが傷ついていると私たちが感じる裏には、相手に対する高い期待値も一役買っています。少なくとも自分の周りにいる人ならその程度はすべきだ、という期待値が問題なのです。ところが、職場はもちろん家庭ですら、そんな期待値が満たされることはほとんどありません。なぜなら相手は自分ではないからです。その人が自分の欲求と期待値を判断し、くみ取って、それを満たしてくれるようなことは、そもそも起こるわけがないのです。もちろん、その人が自分のことを少しでも理解し気遣う気持ちがあるなら、当然そうすべきだ、という反論もあり得るでしょう。そうしてくれる人もいることでしょう。

ですが、どんな場合でも、自分が望む瞬間に、自分が望むだけの欲求をくみ取って、期待値に応えてくれる人はいないのです。人間はひどく自己中心的な存在で、相手の欲求より自分の欲求のほうが先決で重要です。それでも、私たち人間の脳には生まれつき共感を司《つかさど》る神経細胞があるため、ある程度は共感し、思いやる心を持っていると考えるほうがいいでしょう。

誰もが知っているように、人間関係は一方通行で成り立つものではありません。コミュニケーションを取り合うことが、すべての人間関係の前提条件です。だとしたら、そこにはそれなりのルールがあるはずです。一気に多くのことを求めすぎれば、当然相手に負担がかかります。

私たちが食事をするとき、最初は前菜のような軽いものから始めて、そのあとメインの料理を食べますが、人間関係にもそんなプロセスと時間が必要です。

人生で、疎外感を抱き、人間関係に傷つき、ときに死ぬほどつらい時間を経験しない人など、どれだけいるでしょうか。おそらく一人もいないでしょう。そのため、それは自分だけの問題なのだと深く考え込みすぎないことです。誰もが経験する問題だと考えれば、そこまで頭にきたり、孤独を感じたりしないはずです。そして、小さないざこざのために、自分の人間関係すべてを卑下するのはやめましょう。

怒りや被害者意識を長いあいだ抱えすぎて、大きくしてはいけない理由の一つは、そうやって感情をすり減らすと、大切なエネルギーが無駄になるからです。怒っている状態で創意的なアイディアは浮かびません。自分自身を貶《おとし》めている場合は言うまでもないでしょう。そういったことがエスカレートするとノイローゼの状態になり、結局は人生そのものが疲弊することもあるのです。

創造的で生産的な人生を生きたければ、自分と相手に対し、高すぎる期待値を抱かないことです。そうすれば自己卑下と失望感に陥ることもありません。また他人の視線や評価に一喜一憂しない努力も大事です。自分だけの矜持を保つ必要があるのです。

「決めたとおりに現実を自由に作っていける状況、変えることができない現実を穏やかに受け入れるべき状況、それを正しく見分けることが知恵である」

セネカ[※4]の言葉です。そうした知恵をつけようと努力したとき、自分だけが傷ついているという被害者意識からも抜け出せるのではないでしょうか。

生きていれば、誤解されることもすることもある

私たちはよく真実とファクト（確かな事実）を混同します。二つは同じだと大体の人は考えます。例えば、ある物事について白と黒に見方が分かれるとします。このとき、真のファクトとは何でしょうか。おそらく白黒どちらもファクトだと言えるでしょう。自分自身が経験した

事実を事実だと主張する権利と義務が、誰にもあるからですが、二つの間には誤解があることもまた確かです。白と黒は、誰でもはっきりと見分けられる色です。それなのにAさんは白いと言い、Bさんは黒いと言うときは、どちらかが状況を誤って認識しているということになります。

もっと困るのは、誰かが悪意を持って、白いものを黒だと主張する場合もあるという点です。ただ、それは明らかに真実とは隔たりがあります。その場合、真実とファクトは天と地ほどの差があります。ところが、真実はどんなに主張しても相手が信じなければ、虚《むな》しく響くだけというケースがあまりにも多いのです。何かの意図を持ってその場に居合わせていた人が、どこかで自分の意見はファクトだと主張すれば、ほとんどの人はそれを信じます。結局、そのことに耐えられず傷つくのは、つねに、真実を主張する人だけです。残念ながらそれが現実です。そのようなことは今この瞬間にも、無数の人間関係の中で起こっています。

ジホさんも最近、似たようなことに直面し、とても痛い目に遭いました。その渦中にあったときは、まるで身動きの取れない罠《わな》にかかったようだったと言います。事の発端は同僚とのちょっとしたトラブルでした。些細な口論が激しい争いに発展し、真実はジホさんに不利なように脚色されていました。でたらめな話で呆れ返りましたが、とりあえず堪えていました。少なくとも、一方的に同僚たちに誤解されたりはしないだろうと信じていたからです。

ところが結局、誤解を解くために一部始終を話さなくてはならないはめになってしまいます。チーム長が、さすがにそんなことで事を大きくする人ではないだろうと、相手の肩を持ったのです。むしろジホさんのほうが真実を歪曲《わいきょく》しているようだと言われる始末で、先に謝り、さっさと解決するようにと指示されたのです。

それは誤解で、事実はこうなのだといくら反論しても無駄でした。一度歪《ゆが》められて広がった噂を収拾するには、真実など何の意味もなく、何の役にも立たないことを改めて思い知った瞬間でした。

ジホさんの事例を読みながら、似たような経験があると思った人もおそらく多いでしょう。それはいったい何を指しているのでしょうか。結局、真実とファクトは違い、その間にはいくらでも誤解の余地があるということなのです。それによって傷つけ合うことも、それだけ多いという意味になります。決してあってはならないことが起こったのではなく、十分にあり得ることが起こったのだ、というわけです。ですから、何かのはずみで誤解され傷ついても、必要以上に気にかけて落ち込む必要はないのです。

「そうだね、そっちからは白が黒に見えるなら、それはそっちのファクトだよね。だけどこっちにとっては白が真実なんだからどうしようもない。それぞれの道を行くしかないよね」と開き直れたら、どんなにいいでしょうか。そこまでは望めないとしても、起きたことをただそのまま受け入れて、あまり腹を立てないようにすることなら、できそうではありませんか。そうできるだけでも、傷と挫折はある程度減らせるでしょう。

実際、人生で起こるあらゆる出来事は、その状況を自分がどう受け止めるかによって変わってきます。私たちの感覚は、私たちが意識しようとしまいと、死ぬその日まで働きます。その感覚は、私たちの考えと行動、感情に影響を与え、またその考えと行動、感情は、私たちの感覚に影響を及ぼすのです。

脳科学者たちが最近それを立証しています。恋をすると目がくらみ、怒れば実際には目に見えているものが見えなくなるという事実を明らかにしたのです。つまり、どんなに評判のいい人に会ったとしても、そのときの自分の気分がよくなければ、いい人として映らない場合もあるのです。その場合、その人から受け取ったファクトは真実ではない可能性もあります。それなのに、どこかでその人についての見解をストレートに述べたとしたら、その人の評判にはヒビが入り、自分は真実を歪めた悪者になることもあり得ます。

そう考えると、誰かに失礼なことをされたからと、必ずしも腹を立てる理由はないという公式が成り立ちます。生きていれば、自分が相手を誤解することもあれば、その逆の場合もあるものです。自分はAさんの態度が気に入って褒めても、その場にいたほかの人からはAさんに媚《こ》びていると思われる場合があるように。

人間関係で心に必ず留めておいてほしいのは、自分の記憶が必ずしも真実やファクトではないかもしれない、ということです。

『魔法』という小説の著者、クリストファー・プリーストは綴《つづ》っています。

「われわれは、われわれ自身についての現在の理解に合うように、しかも過去を正確に説明しないように、自分たちの記憶を整理しなおしている。他人に会うとき、われわれはある意味で相手を喜ばせたり、影響をあたえようとする自分自身のイメージを投げかけようとする」※5

私たちは他者に出会うとき、その相手を喜ばせたり、相手に影響力を与えたりする自己イメージをどんなふうであれ、投影するのです。

プリーストの言葉のように、相手を喜ばせたり、影響を与えたりする自己イメージを投影しようとして、真実ではないことをファクトだと主張するとき、そこに悪気はありません。

問題になるのは、悪意を持って真実ではないことをファクトだと主張するときです。その場合は、真実を見つけようとする努力を怠らないようにしましょう。

アメリカの作家フィリップ・ロスが言っているように、誰かの悪意のある嘘は「実に軽蔑すべきやり方で、他人を安易に統制しようとする真似」だからです。もちろん、言うほど簡単ではありませんが、自分の真実と相手のファクトが違う場合に対し、寛大になろうと努力するのと同様に、最初から相手が嘘を主張してきたときは、最後まで真実を明らかにしようとする努力が求められます。そうしなければ、真実から目を背けたということ以上に、自分の人生の主導権を他人に明け渡すことになってしまうからです。

「本当だったのに」という言葉の秘密

私たちが「本当だったのに」という言葉を使うのは、どんなときでしょうか。大抵は相手を傷つけたときではないでしょうか。

「私は本気でそう思って話をして行動したのに、そっちが誤解して傷ついたんでしょう」というような状況のとき以外は、あまりその言葉は使いません。

もちろん自分は本気でそうしたのかもしれませんが、相手がどんな形であれそれによって傷ついたのであれば、自分の気持ちを主張し続けても意味がありません。見方によっては「本当だったのに」という言葉を控えるほど、人間関係がうまくいくという公式が成り立つと言ってもいいかもしれません。

ところが、私を含めて多くの人が、「本当だったのに」という言葉を手放せずにいるのはなぜでしょうか。

それは、私たちの無意識と関係があります。私たちは誰もが人間関係で相手に影響を与えたり、喜ばせたりして、いい人だと認めてもらいたい欲求を持っています。そうすると、どんな手を使ってでも、自分の本当の姿を相手に見られないようにしたいと考えます。本当の姿を見抜けないばかりか、仮にできたとしても、その姿を歓迎できるほど完全な人間は誰もいないからです。

私たちはよくわかっています。賢いかと思えば愚かな面があり、真面目かと思えば怠け者で、情け深いかと思いきやケチだったり、信用できるかと思えば嘘つきだったりする姿が、そのまま自分という人間を作っているのだと。そしてほとんど本能的に、その怠け者でケチで嘘つきな自分を見せたくないと思っています。そうした欲求が病的なレベルになると問題が生じます。気に入らない自分の姿に過度に執着し、エネルギーを浪費するのです。精神科ではそんなケースをノイローゼと診断します。

ノイローゼとは、自分が持つ精神的なエネルギーを創造的で生産的な行動に使うことができずに、無駄に浪費する状態を指します。ノイローゼの状態になると、無意識で本当の自分の姿を隠し、見せたい面だけを他者に見せます。そのときに生じる不安や罪悪感を払拭《ふっしょく》するために、正直であるとか、本当であるとか強調するのです。ノイローゼとまではいかなくても、私たちは誰でも若干の偽善と二重性を抱えて生きています。そのことすら相手に悟られたくないと思っています。そうやって知らず知らずのうちに、正直だの本当だのと必要以上に装おうとするのかもしれません。

アヒョンさんは、三カ月ちょっと付き合った男性と別れました。問題は周囲の反応でした。「あんなに条件のいい人を振ったの？　自分から？　向こうから付き合おうって言われたのに？　どうかしちゃったの？」と友人たちは口を揃えました。「あんなに条件のいい人」というのは間違いではありませんでした。一般的な基準で見れば、彼は文句のつけようのない相手でした。学歴も仕事もルックスも申し分なかったからです。服の着こなしまでオシャレでした。いや、それ以上でした。もちろんそれは、どこか女性を居心地悪くさせたりもしましたが。

彼女が本当に気に入らなかったのは、彼の言葉遣いでした。彼はどんな話でも、話しはじめる前に必ず「正直言って」と前置きする癖がありました。話の途中でも、まるでその言葉が何かの接頭語のように何度も繰り返すのです。「本当のことを言えば」というのもありました。

そんなふうに毎回毎回、「正直言って」「本当のことを言えば」と聞かされ続けていたら、どんな気がしてくるでしょうか。どの話も、正直でも本当のことでもないように聞こえたと、アヒョンさんは話してくれました。たしかに常識的に考えても、正直で本当のことを言う人なら、そんな口癖があるとは思えません。実際に正直ではなかったり、本心より邪心のほうが多かったりする人ならわかりませんが、彼は自分を守るために無意識にそう言ってしまう癖がついた可能性が高い人で、彼女は、それを見抜いただけだったのです。

さらにほかにも悪い癖があったと言います。自分より低い立場に見える人に対しての言葉遣いが乱暴だったのです。見ていると品性を疑うほどでした。いろいろな面で、その男性と会うことがアヒョンさんにとっては苦痛になってしまいました。

別れを切り出された男性は、強く主張しました。「正直言って、これまで君に弄《もてあそ》ばれているんじゃないかとずっと疑っていた。そうでないなら、本当のことを言わせてもらえば、君とこのまま別れるわけにはいかない」と。言い終えた彼は食堂の店員を大声で呼びつけて水を持ってこさせたそうです。水が運ばれてくると、今度は、さっさと持ってこなかったと、ありったけのイライラをぶつけたとのこと。まさしく彼らしい別れ方だったそうです。

ところがその後、アヒョンさんは「もったいない男を振った呆れた女」というレッテルを貼られてしまい、しばらく苦しみました。彼に感じた失望を誰にもうまく説明できなかったからです。言葉遣いが少しおかしくて下品だからという理由で、あんなに条件のいい人を振るなんて、と家族にすら理解してもらえませんでした。しかし、彼女はまさにその言葉遣いの面で、彼を信頼できなかったのです。これはアヒョンさんだけの特別なケースではありません。

「正直に」とか「本当に」といった単語は乱発するほどに色あせるものなのです。

誰もが他人より劣る

人には誰にでも裏表があります。自分はできそこないでネガティブだけれど、そのぶん、一方では正しく親切で正直な人間だと思いながら、この世を生きていきます。適度に妥協することだってあります。それでも誰もがこんなふうに思っています。「こう見えても根本的にはいい人間だ。怒ったり、我慢できなかったり、すねるときもあるけれど、もともとは正しい人間だ。もちろん嘘をついたり、いい人ぶったりすることもあるけれど、そうじゃない人なんてこの世の中にいない。だから少なくとも、この程度なら、かなり正直なほうに入るはずだ」。

これと関連した実験がアメリカで行われたことがありました。「天国に行くとしたら、誰が一番先に行けるでしょうか」という世論調査を実施したのですが、回答結果はこうでした。マザー・テレサが三位、オプラ・ウィンフリーが二位、そして一位は「自分」。回答者中、なんと八七パーセントの人が「自分」と回答していたのです。理由はもちろん「自分が一番いい人だから」でした。

人の心というのはそういうものです。たしかに、その程度の確信すらなかったら、厳しい世の中を生きてはいけないのでしょう。

四十歳になったジュンソンさんは、これまで反抗したことがほとんどありませんでした。彼自身の言葉を借りれば、小学校から大学まで一貫して「優等生」で、家や学校のルールをきちんと守るばかりでなく、勉強もできる模範生のイメージは、その後もついて回りました。おかげで中年になった今でも「道徳的な男」として正しい生活を守ってきました。

おそらくジュンソンさんがもう少し早く生まれていれば、かつての韓国の基準で「竹を割ったような男」と評価されていたかもしれません。自分の価値観に反することにはどんなことでも妥協しない気概を持った人、という意味で。少なくとも真の君子や品性あるかつての指導者なら、その程度の素質は備わっていなくてはならなかったでしょう。上からも下からも厚い信望を得るために。

ところが彼はそんな過去の言葉のかわりに「バンカー」と呼ばれていました。「竹を割ったような男」と「バンカー」、何の共通点もありませんが、彼の問題はその「バンカー」のほうに隠れていたのです。

彼はなぜバンカーと呼ばれていたのでしょう？　問題は、彼が自分の観点からしか世の中を判断していないことでした。誰よりも道徳的で正しい生活をしてきたという意識の中には「だから自分は正しい人間だ」という考えが、同等の重さでこびりついていました。

その「自分は正しい人間」という考え方が、まさに問題の核心です。自分は正しいから自分の考えや行動はすべて正しい、と思い込んでいたのです。それだけなら悪くはありません。どう考え、どんな価値観で生きていくかは本人の自由です。ただ、その信念を自分の中だけに留めておかなかったことが間違いでした。とりわけ、最近のような多様な価値観が混在する時代であれば、なおさらです。

まず、家族関係にヒビが入りました。結婚して十年間、ジュンソンさんは生活のこまかい部分まで干渉し、これはこうだから違う、あれはああだから違うと、指摘するのをやめませんでした。ついに耐えきれなくなった妻に反発されますが、彼はそんな妻が理解できませんでした。

「そうはいっても、間違ったことを言ってるわけじゃないのに。もう少しちゃんとしようってだけの話なのに、もうやってられないだの何だのって、呆れるよ」

彼の考え方は会社でも少なからぬトラブルを引き起こしていました。先にも言ったように、自分一人でこだわるぶんには、どう考えようと問題ありません。ところが彼は普段から話し好きなタイプで、政治、経済、文化全般にわたって自分だけの確固たる見解を持ち、機会があれば、周囲に知らしめようと話をするのが好きでした。

けれども話を聞く側は違う考えを持っています。同じ部署の人たちは彼のことを「絶対的な論理で武装した独り善がりな人」と思っていました。それもそのはず、少しでも意見が食い違えば、とんでもないやつだと容赦なく罵る姿を見せられてきたからです。反発が起きるのは当然でした。仕事上でも考え方や仕事の進め方が違う人を彼は受け入れませんでした。

バンカーとはご存じのとおり、ゴルフ場の砂地の窪《くぼ》みのことです。バンカーにはまったゴルフボールは簡単に出すことができず、ゴルファーたちも苦戦します。彼の周囲の人たちは、「自分は正しい、世の中は自分の言葉に従うべきだ」という彼の絶対的な論理のことを「バンカー」と名付けたのです。一度彼の主張にひっかかると、バンカーに落ちたように、そう簡単には抜け出せないという意味で。

もちろん自分自身の経験から自由になれる人はいません。つらい恋を経験した人にとって恋はどれも切なく、健康な人は病気の人を、裕福な人はそうでない人を、傷つけた人は傷ついた人を理解できません。実際に経験したこと、聞いたことだけが、自分を作る世界のすべてだからです。

したがって偏見や先入観を持って世の中を見てしまうというのは、避けられないことかもしれません。それでフランスの有名な精神分析医フランソワーズ・ドルトは「他者に投影してしまったものを自分の内面に見つけるときに成長する」と言ったのでしょう。自分は正しく、相手は間違っていると主張しても、ある瞬間、それが逆になることもあり、だから自分が知らない別の人生に対しても、オープンな見方をする必要がある、という意味で。

「誰もが他人より劣る」という言葉があります。自分だけが正しくていい人間だという考えが独善と傲慢を生む可能性があることを戒めているのでしょう。私はジュンソンさんにまず、ユーモアの感覚を育てるよう勧めました。ユーモアというのは、生まれつきの瞬発力が求められるもので、その素質がない人もいるのではと反論があるかもしれません。でも何でもそうであるように、瞬発力もユーモアも、努力してトレーニングすれば鍛えられるのです。

自分は正しくていい人間だという考え方が極端になって、白黒論理だけで世の中や他者を断じては、瞬発力もユーモア感覚も生まれる余地がありません。考え方が狭く独善的な人は、自分がジョークの対象になることに耐えられません。ユーモア感覚というのは、自分の失敗を笑える能力です。自分自身や自分の人生に対し、オープンマインドとポジティブな姿勢を持つ人だけが、そんなユーモアを理解できるのです。告白すると、それはまず私自身が心に刻むべき言葉かもしれません。

人間関係が楽になる、ちょっとしたこと

人間関係でよく私たちが勘違いしていることがあります。自分が相手と同じくらい、あるいは相手よりも賢く見えなくてはならないと信じていることです。相手に認められ信頼を引き出すためには、なおさらそうあるべきだと思っているのです。でも実際はそうではありません。

自分もそうであるように、自分より有能で賢い人であることを相手に求めている人はいないからです。

『権力《パワー》に翻弄されないための48の法則』※6を書いたロバート・グリーンは、さらに輪をかけて、相手より愚かに見えるように、とまで勧めています。

「自分が賢いという考えが虚栄心にとっては重要だという点を考慮するなら、逆に、相手に愚かだとケチをつけることが、どれだけ大きな侮辱なのかがわかる。それは許されない罪になる。これを利用すれば、優れた降伏戦術を生み出せる。こちらより賢いという考えを相手に植えつけ、さらには少しばかり愚かにふるまうのだ。そうすれば相手は自分自身が知的で優れていると思い込み、疑心を解いてしまうだろう。人はいったん、あなたが自分より下だと信じれば、あなたの他意を疑うことはない」

もちろん彼の言うような降伏戦術を生み出すために、そこまでする必要はないかもしれません。それでも相手より自分を賢く見せて得することは、ほとんどありません。自己啓発書でよく登場する有名な文章のように「他人が自分の頭の上にいることを望む人はいない」からです。

ウジンさんは、誰から見ても十分に教養のある人に見えました。実際、専門職に就《つ》くインテリであるうえに、芸能人並みのファッションセンスまで備えていました。博識で弁が立つ彼の前では、圧倒されてしまう人が少なくありません。おかげで彼は何人かの取り巻きまで従えていました。大体は、口達者で知識人を気取る、彼のそこそこのカリスマ性に感じ入っている人たちでした。

彼は自分のネットワークを自慢し、あちこちの会合に顔を出すのが好きでした。その中には有名人も何人か含まれていました。会合があるたびに、彼は熱弁を振るって、自分の知識を披露しました。彼の会話術に周りは大笑いしたり、関心を示したりすることもありました。なかには「あなたは最高だ」と彼を持ち上げるような人もいて、そのたびに彼の脳内ではドーパミンが放出されました。自分の優秀さが認められ、周りに強いインパクトを与えたという満足感からその味をしめた彼は、つねに東奔西走しながらも疲れ知らずでした。

ところが、彼は自分の専門分野では満足に認められていませんでした。一生懸命働き、それなりの成果は出していたので、それを知ってほしいと思っていました。自分のような優秀で力のある人間が熱心に仕事をするとどういう結果を生むかについて、チャンスがあるたび触れ回るのを忘れませんでした。それでもなぜか、先輩や同僚から認められたとか、信頼を勝ち取ったという感覚がなかったのです。彼も人間なので、たびたび挫折感を味わいました。

結局、ウジンさんは一つの結論を出すしかありませんでした。自分の能力がまともに評価されないのは、自分が嫉妬されているせいだと考えたのです。彼が見たところ、彼のように取り巻きがいたり、会話で場を盛り上げたりできる先輩や同僚はいません。だから妬《ねた》まれるのも仕方がないのだと。

彼は孤独でした。それも耐え難いほど孤独でした。同じように仕事をしているのに、ただみんなより賢く優れているというだけで、除け者にされるような、周りの雰囲気によるものでした。しかし、何度かのカウンセリングを経て、彼は自分の問題が何なのか少しずつ気づきはじめます。彼の言うとおり、頭脳明晰《めいせき》だったため問題のポイントを的確に押さえることができたのです。つまり、頭はよくても他者への理解に欠ける人の多くがそうであるように、とてもうぬぼれて生きてきたことが原因でした。彼がどんな人なのか、同僚はちゃんと気づいていたので、敬遠するしかなかったのです。

それでも彼は同僚や先輩に謝りませんでした。それもなんだかオーバーな気がしたからです。そのかわり、自分のイメージを変えるためにこっそり努力しました。会合に出る回数を減らし、会話も控えました。そして、賢さをひけらかさない、そのせいでさらに感じがよく見える人へと変貌を遂げていきました。

シェイクスピアの研究で優れた本を書いたアメリカの心理学者ジョージ・ウェインバーグによれば、人は気分をよくしてくれる「フォルスタッフ」のような人物を好むそうです。フォルルスタッフはシェイクスピアのいくつもの喜劇に登場して劇に生気を吹き込む人物です。嘘つきでほら吹きで、放蕩《ほうとう》者、みんなの笑いものになる人物ですが、生き生きとしたこの登場人物を見ていると、誰もが自分のほうが彼よりちょっとはましだと思えるのです。

劇中、フォルスタッフのこんな台詞《せりふ》があります。

「俺は本質的に機転が利くだけじゃなくて、ほかの人たちの機転のもとでもあるんだ」

彼は自分ではなく、他人を目立たせるために自分の卓越した力を発揮しました。そのために魅力的な人物になったのです。

もちろん人間の虚栄心は、なかなかそうすることを許しません。私たちはそのことをよく知っています。でも、フォルスタッフとまではいかなくても、自分よりもほんの少しだけ、相手のほうが賢く見えるようにしてあげてはどうでしょう。ほんの少しでいいのです。そうすれば自分もそれほど悔しくないし、相手は自分のほうが賢いと感じられます。負かされないかとつねに恐れている人間関係よりも、悪くない駆け引きなのではないかと思います。

礼儀知らずは、すべてを愚かに見せる

少し前に、大学時代の恩師に会って話をする機会がありました。個人的なことを相談する場でしたが、会話はまもなく専門分野の話に移っていきました。いろいろお話をうかがっているうちに、まるで医学生時代に戻ったような錯覚に陥りました。

そのとき、何かの話の最後に先生がおもしろいことを言いました。礼儀正しいかどうかを見れば、その人が頭がいいか悪いかすぐにわかる、と。頭が悪いと礼儀に欠け「自分はこんなひどい人間です」と吹聴《ふいちょう》して回っているのと同じなのに、本人はそうと気づかず好き勝手に生きているという話でした。普段、礼儀をそんなふうに関連づけて見たことがなかったので、興味深く、首肯してしまいました。

礼儀というのは、その人の価値観が総合的に現れたもので、賢明な人ほど正しい価値観を持ち合わせています。例えば、オープンマインド、バランスの取れた見方、寛容と慎重さ、公平さと勇気を備えていたら、わざわざ礼儀正しいところを見せようとしなくても、自然と品位がにじみ出るものです。

逆に、普段から礼儀知らずな人たちを見ると、大抵は度量が狭く、傲慢で、偏《かたよ》った考え方をしている場合が多いようです。一言で言うと、賢さに欠け、歪んだ価値観を持っている人ほ

ど、あちこち衝突しながら自分の品位を落として回っています。そんな様子をはたで見ていなくてはいけないときの恥ずかしさといったら、言葉では言い表せません。たまたまその時間、その場にいた自分の運の悪さを恨むしかありません。

もちろん世の中にはあらゆるタイプの人がいるので、何が起こっても不思議ではありません。そうとわかっていながらも、ときどきとんでもなく失礼な人に会ったり、呆れる出来事に遭遇したりすれば、腹も立つものです。だからこそ、生きていくうえで大事なことの一つが、礼儀ではないかと思うのです。

友人の経験談を一つ。仕事の関係で知り合った人たちとの会で、小さなトラブルがあったそうです。五、六人のこぢんまりとした会だったので、気軽に参加したのが間違いの元でした。いつものメンバーのほかに、ある企業の代表という人物が同席することになったのですが、その人が傍若無人《ぼうじやくぶじん》にふるまったというのです。

その場にいた全員が、彼より人格も社会的名声も劣らない人たちでした。ところが場の雰囲気などお構いなしに、彼は一人で大声を出しながら知ったかぶりをしていたそうです。それでもまだ足りず、料理を運んできた店員にセクハラまがいの暴言を連発して、同席した人たちを唖然《あぜん》とさせたのです。じつはその代表は、プロジェクトが大成功を収めたばかりで、相当稼いだとのこと。おそらくそれもあって無神経で傲慢な態度を取ったのでしょう。

結局、ほかの人が店員に謝罪して事態を収めましたが、なんとも苦々しい経験だったと友人は嘆いていました。そして、そういう人たちを教育するマナー塾のようなものでもあればいいのにとも。私は恩師の言葉を思い出しながら「頭が悪いせいよ。せっかく教え込んだところですぐに忘れてしまって、また同じことを繰り返すんじゃないかしらね」と慰めにもならない言葉をかけなくてはなりませんでした。

鎖の強さは最も弱い輪によって決まる、という言葉があります。自分のアキレス腱や弱点をうまくコントロールしなければならないという意味を含んでいます。誰にでも弱い部分が一つや二つあるものです。賢明な人たちはその部分を補おうと努力します。そして少なくとも、他人の前でその姿を見せない程度の礼儀を備えています。一方、先ほど例に出した企業の代表は、無作法が自分の最も弱い輪であるという事実にすら気づいていません。どんなに大金を稼ぎ、成功しても、非礼な態度で人と接する以上、彼は自分の成功に見合った評価を得ることはできないはずです。

『孟子《もうし》』を読むと、他人に言ってはいけない言葉やしてはいけない行動は慎めという言葉が出てきます。君子は狭量で傲慢なふるまいをするべきでないという言葉もあります。どちらも今風に言えば、品のある人になるために、まずは礼儀正しさを身につけるべき、という意味が込められていると言えるでしょう。

スペインの哲学者バルタザール・グラシアンもこんなふうに言います。彼の言葉はもっとストレートです。
「礼儀のなさはすべてをぶち壊しにする。甚《はなは》だしきは正義と理性までも。だが洗練された礼儀はすべての不足を満たす。（中略）言葉と行動を正しくすれば、どんな困難な状況からも抜け出すことができる」

自分の価値観をきちんと確立して、その価値観に沿い、勇気を持って生きていくことこそが、グラシアンの言う、洗練された礼儀の基本になります。
アメリカの作家ポール・オースターは著書の中で、そんな礼儀正しい人を「青組」と呼びました。優れたユーモア感覚、人生のアイロニーを楽しみ、不条理な言葉の意味にも気づく能力、適度な謙虚さと思慮深さ、親切心、広い心があれば、彼は誰でも「青組」に入る資格があると言っています。※7
私たちの周りにも「青組」に入れる資格を十分備えたすてきな人たちが確かにいます。そういう人に出会うと、こちらもつられて嬉しい気分になります。自分もそんなふうに生きたいと、やや守るのが難しい決心をします。一方、礼儀知らずな相手に腹が立つ場合もあります。そんなときは、自分は絶対そんなふうにならないと、やはり多少守りにくい決心をします。
ある会合で、会社の役員だという人から、なぜかみんなに嫌われるのだと相談を持ちかけられたことがありました。

「ほかはともかく、私にはボスの気質だけは少しばかりあるんです。実際、慕ってくれる人たちには本当によくしてあげていますし。それなのにみんな私の前では言うことを聞くふりをして、よそでは勝手にふるまっているんです。それだけじゃないんですよ。こっそり調べたら、陰口まで言っている人がいて。裏切られた気持ちでいっぱいになりましたよ」

彼は本当に悔しそうな顔でそう話しました。家でも一生懸命やっているのに家長として扱ってもらえないと不満だらけでした。

偶然、別の会合で彼に会ったことがありましたが、じつは何が問題なのか、少しわかるような気もしていました。一言で言うと彼にはとても無礼な一面があったのです。特に自分より社会的地位が低いと感じたり、金持ちでないとか、学歴が低いと判断したりした人に対して、あからさまに見下すような態度を取っていました。

そんな具合なので、誰も彼と親しくしようとはしませんでした。頭の中に、これ以上付き合えば、どんな痛い目に遭わされるかわからないとインプットされているのでしょう。私もやはりそんな一人だったので、丁重に「こういう会合では夜間診療はしていないので、もしご相談があれば、診察室を訪ねてきてくださいね」と言うしかありませんでした。それでも話を聞いてあげたことに感謝してくれるだろうと思っていました。ところが彼は感謝どころか、あなたにはこれ以上、用はないとでも言うように顔をしかめて、別のところに行ってしまったのです。やはり礼儀知らずな人だったのです。

グラシアンの言葉を借りれば、彼は礼儀のないふるまいで自分を低俗な人間に貶めていました。それに気づいていないのは本人だけ。もし今からでも言葉や行動を改めようと努力すれば、多くのことが変わるはずなのですが。どんな困難な状況からも抜け出せる賢明さが備わるのはもちろん、洗練された礼儀正しさで誰からも尊重してもらえるはずです。けれども、変わらなければならないと彼自身が自覚しなければ何も始まりません。自覚できるかどうかは、わかりませんが。

私は個人的にグラシアンの言う「洗練された礼儀」とは、特別な何かではないと思っています。ただ自分の価値観がしっかりと確立され、その価値観に沿って勇気を持って生きていくことこそが、礼儀の基本ではないかと思うのです。

エレノア・ルーズベルト（第三二代アメリカ大統領の妻）はこんな言葉を残しています。

「特別な才能がない人でも、幅広く忠実に生きる方法を見つけることはできる。（中略）私には三つの財産しかない。私はつねに何かに深い関心を抱き、あらゆる挑戦を学びのチャンスと受け止め、内に強い情熱と自律性を秘めている」

私は彼女の言う三つ、つまり、つねに何かに深い関心を抱き、あらゆる挑戦を学びのチャンスと受け止め、内に強い情熱と自律性を秘めることも、オースターの言う「青組」の条件と大きく違わないと思っています。

自分は「青組」に入る資格があると、当然のように主張できる人はいないでしょう。この世に欠点のない人は存在しないからです。ただその欠点ですら自分の性格の一部であると受け止め、それに打ち勝つために努力することはできます。そんな勇気と行動力を持つだけでも「青組」に入る資格は十分ではないでしょうか。

止まったと思うときは、変化の必要な瞬間

人は、よく知っているものにはすぐに馴染《なじ》んでいきます。そして一度馴染むと、なかなか変えられません。私もそんな一人です。私はひどい方向音痴で、見知らぬ道を行くのが大嫌いなので、通り慣れている道しか使いません。そう思っているのは自分だけではないのがせめてもの救いです。想像より多くの人が、私のように初めての道を嫌がるのです。

これは生まれ持った気質にもよります。精神科では性格や気質を調べる心理検査がありますが、精神的な問題を訴える人たちの中には、矛盾した二つの性質が同レベルで測定されるケースがよくあります。一つは新しいことへの好奇心を測定した新奇性追求の傾向、もう一つは失敗や過ちに対する恐れから新しいことを避ける損害回避の傾向です。この二つの相反する傾向、つまり新しいことを探求したいという気持ちと、それで失敗したらどうしようという恐れが衝突し続けると、精神的には葛藤や挫折を味わいます。

興味深いことに、若い世代ほどその二つが同レベルで現れます。おそらくそのせいで近頃の若者世代が精神的により緊張し、葛藤を感じているのかもしれません。

そう考えると、人間関係や仕事で成功したければ、この二つの傾向を同時に満たす方法を見つければいいのですが、それも簡単ではありません。新しさを追求しながらも、そこに付随するリスクに備えるためには、あらゆる可能性をチェックし、情熱とチャレンジ精神も忘れないようにしなくてはならないからです。

私もやはり、二つの面が多少かち合うという検査結果でしたが、私の場合は、現実では損害回避の傾向のほうがずっと優勢です。そのせいで新しいことの前では、ひどく躊躇《ちゅうちょ》します。私の周りには正反対の人たちもいます。言ってみれば、わざわざ新しい道を探して歩く人たちです。知人にもそういう人がいますが、新しい道を探して探索する楽しさはほかでは味わえないと言います。でもその人も食堂だけは行きつけが何カ所か決まっていて、そこでしか食事をしません。

私たちはなぜそのように変化を恐れるのでしょうか。多くの人は気質とは関係なく、慣れていないものには恐れを感じるものです。カウンセリングをしていると感じますが、見知らぬ人と新たな関係を結ぶことに不安を覚える人は、とても多いようです。人間関係に苦手意識がある人は、慣れない関係が苦手というケースがほとんどです。私たちが慣れないことをそれほど恐れる理由は、知らない状況にはきちんと対処できないと考えているからです。

精神科では、治療が終了しそうになると、突然、通院をやめてしまう人がたまにいます。入院患者であれば退院を拒否します。ひどい場合は自殺しようとするなど、極端な選択をするのです。理由は一つです。これから自分が直面しなければならない、新しい変化があまりにも怖いからです。

治療が終われば、もはや患者ではなくなります。それまでは、ただ患者という理由だけで多くのことが許されてきました。自分を合理化することもいくらでも可能でした。周囲の理解もあります。ところが治療が終われば、もうそんな合理化や言い訳は通用しません。これまで自分の体のように馴染んできたすべてのことと、きっぱり決別しなくてはならないのです。そして新しいやり方で新しい人生を生きていかなければなりません。当事者にとって、それは私たちが考える以上の大きな恐怖です。そんな恐ろしさに直面するくらいなら、治療をストップするほうがましだと考えてしまうくらいに。

患者だけではありません。人は誰でも慣れていることには親しみを、見知らぬことには恐怖を覚えます。特に慣れ親しんだものへの憧憬は鳥の帰巣本能のように強力です。だから、見知らぬ道を選ぶのも、行ったことのない食堂で注文するのも、簡単なことではなく、なるべくなら慣れたほうを使い続けてしまうのです。

初めての場所を不安に感じるもう一つの理由があります。そこで出会う相手がどう接してくるかわからないからです。そのためなるべくなら行きつけの食堂、行きつけの美容院や理髪店を決めておこうとするのです。少なくとも、そこではこちらの希望を把握してくれているからです。

行きつけの食堂を例に挙げてみましょう。その食堂なら、私が濃い味が好きか薄味が好きか、突き出しの好みは何かなど、よく知っています。注文をしなくても料理をさっと出してくれて、会計時にはまけてくれることもあります。一方、知らない店に行けば、それほど歓迎されず、気の利いたサービスをしてもらえるわけでもありません。おそらくそんな経験が一度くらいはあるはずです。誰かと一緒に店に行ったら、店主が馴染み客にばかり愛想よく、自分はよそよそしくされ居心地が悪かったという経験が。大したことではなさそうですが、私たちはそんなことで簡単に傷つきます。相手が自分の存在を認めるかどうかが、それほど重要なのです。

今はそういう慣習はなくなりましたが、以前は大勢の人から、大学病院にいる同期や先輩の診療の予約を取ってほしい、と頼まれました。原則どおりに予約をするには数カ月待たなければならないからです。どうしても断り切れない場合には、仕方なく頼みを聞き入れるときもありました。でも、そうすると今度は担当医師に前もって自分のことを話しておいてほしいと頼まれるのです。私は大学病院に勤務する医師たちの殺人的スケジュールをよく知っているので、自分の用件ですら相当急ぎでなければ電話しないと決めています。それなのに強引に頼まれるので、しぶしぶ電話をかけるはめになるのです。

おもしろいのは、その後の彼らの反応です。誰々の紹介だと医者に言われなかったが本当に話をしてくれたのか、と確認してくる人がいるかと思えば、やはり紹介されて行ったら待遇が違ったと話す人もいました。そう言われるたび、私は黙って聞いていました。というのも、彼らが私に頼んでくる心理を理解していたからです。ただ自分という存在を彼らから若干特別扱いされたいだけなのです。

知らない場所では特別扱いしてもらえません。だから行き慣れた場所にこだわり続けるのです。どんな種類であれ、執着が生まれる理由は一つです。変化を受け入れられないからです。愛に対する執着がそれをよく示しています。愛が離れてしまったことを受け入れられずに執着する理由は何でしょうか。関係が変わったというその事実を認められないからです。関係そのものが変わったにもかかわらず、その変化を認められずにいるので執着が生まれるのです。愛だけではありません。それは人生のあらゆる面で現れます。ダイエットに失敗した人が食べ物に執着するのも、食事量を減らさなければならないという、明白な変化を受け入れられないから。禁煙に失敗するのもタバコを吸ってはいけないという状況の変化を受け入れられないから。若さに執着して美容整形依存症になるのも、年を取るその時その時の変化を受け入れられないからです。また一日の日課を必ず決めた順にこなさないと気が済まない人たちがいます。ある作家はそれを完璧主義と気の小ささの合併症と呼びましたが、まさにぴったりの表現です。そういう人はデートも前日立てたスケジュールどおりでないと耐えられません。ほんのわずかの狂いや変化も受け入れられないのです。

それだけではありません。現状を振り切って立ち上がれば間違いなく新しいチャンスが開けると知りながら、現実に安住してひたすら時間を潰すだけの人たちも少なくありません。彼らは不平不満をこぼし続けながら、自分がそうせざるを得ないあらゆる理由を掻《か》き集めてきます。でも本当の理由はやはり一つだけです。行動しなければならないという変化への怖さ。それで結局、人生のある不幸な瞬間に留まり続けてしまうのです。

もちろん人間なので、一度気持ちがそちらに傾けば、なかなか変えるのは難しいものです。それが意図したことであれ、誤った選択であれ、それとは関係なしに、ただただ今この瞬間の変化が怖いのです。そして、すべてを元に戻すには遅すぎたと気づくと、挙句の果てには不幸の前で絶望します。

最も望ましいのは、そうなる前に自分に必要な変化を受け入れることです。大げさに言うと、変化は自分を創造し直すプロセスを必要とします。そのために、何よりも今までの知識や習慣を思いきって脱ぎ捨てなくてはなりません。ただ慣れているからという理由だけで、脇に抱えていたものとも、きっぱりと決別するのです。

まずは小さな変化から試してみます。いつもの見慣れた道や親切な行きつけの店。それを変えてみようと決心するのです。もしかしたら思っているよりもずっと新鮮な世界が待ち受けているかもしれません。そうした小さな日常の経験を積み重ねた先に、大きな変化も自信を持って受け入れようとする、すてきな自分がいるかもしれません。

まずは私自身から、そんな変化を追い求めてみたいと思います。とても楽しく、すてきなことに間違いないのですから。

訳注

※1　リュ・シファ著、未邦訳

※2　『伝奇集』鼓直訳、岩波書店、一九九三年より引用

※3　『レキシントンの幽霊』内短編「沈黙」、文藝春秋、一九九六年より引用
※4　ルキウス・アンナエウス・セネカ、古代ローマ時代、ストア派の哲学者
※5　『魔法』古沢嘉通訳、早川書房、二〇〇五年より引用
※6　『権力《パワー》に翻弄されないための48の法則』ロバート・グリーン／ユースト・エルファーズ共著、鈴木主税訳、パンローリング、二〇一六年
※7　『オラクル・ナイト』柴田元幸訳、新潮社、二〇一六年参考

CHAPTER

3

自由な自分で生きるための、他人に合わせない人間関係処方箋

他人に合わせて生きるのをやめた

「他人に合わせて生きるのをやめた」という宣言は、じつは私にとって一種のカミングアウトのようなものです。仕事柄、すでに私は十分「他人に合わせず、図太く」生きている印象を持たれています（それは自覚しています）。見た目まで、特に若い頃は「あまりに冷静すぎて隙がない」とよく言われました。そんなわけで私のイメージはほぼ、冷たくて、極めて事務的で、なかなか声も掛けづらい人、になってしまったようです（それも自覚しています）。

けれども、個人的に私をよく知る人たちは、その正反対だとずっと以前から気づいています。些細なことですぐ傷つき、ちょっとでも誰かを傷つけていないかと、つねに怯《おび》えていたからです。

例えば、何かの会合に参加して、人に会って帰ってきたとき。ひょっとしたらミスしていないか、失礼な発言で誰かを傷つけなかったか、頭の中でビデオ判定しなければ一日が終わらないのが、まさに私だったのです。

ところが、いつしかそんなふうにびくびくして生きることに、疲れを覚えはじめていました。あらゆる面で、実力の一〇〇倍は努力しなければならないことが増え、当然くたくたになっていきました。もともとそういう気質だからとはいえ、さすがに変化の必要性を感じたので

す。まず何より、小さなことに命がけにならないようにしようと（特に人間関係で）思いました。しくじったり転んだりする自分が恥ずかしく、戸惑いもしましたが、生きていればそんなこともあるさと、でんと構えて受け入れようとしました。思い返すと、顔から火が出そうな記憶も少なくありませんが、よくよく考えてみれば、一度きりの人生をノーミスで過ごせるほうがおかしいのです。誰もが初めて生きる人生、失敗はつきものなのだと、それすらも自然に受け入れてみようと決心したのです。

そんなふうに開き直って自分自身に言い聞かせました。失敗してもいいと認めて、批判を受け入れよう。少しくらい悪く言われたところで、人生ダメになることはないのだから、と。

この話を聞いて「あれっ、精神科医のくせに、全然メンタル強くなさそうだけれど？」と疑問に思う人もいるでしょう。実際、友だちからも「見た目が弱々しく見えないのがまだ救いね。人前で素の自分を見せようなんて絶対思っちゃダメよ」とやり込められています。

そんなとき、私はこんな話をします。名前は思い出せませんが、幸せな結婚生活についての本を書いて有名になった、アメリカの女性作家がいたのですが、彼女の場合、すでに四度の離婚歴がありました。ある日、インタビューで司会者がそのことについて触れると、彼女は、「つらい経験をたくさんしたからこそ、誰よりも実践的で役に立つ話を伝えることができたのです」と答えました。私も同感です。私は人生で起こり得る、不安や憂鬱、焦りや葛藤、恐れと傷を誰よりも知っているつもりです。自分自身が経験してきたからです。その点においてだけは、多くの人の気持ちを十分に理解し共感できると考えてもいいかなと思っています。

そんな意味で、私にとって「他人に合わせない図太さ」とは、内なる敵や外部の敵から、自分自身を適切に守る方法の一つなのです。自己批判や自己疑念が湧き上がるときは、「そんなことないよ、自分なりに精一杯やったんだから」と自分自身を守ってあげるとともに、外部の批判から守る力とでも言うのでしょうか。別の言い方をすれば、人生のバランスを取って、揺らいでもすぐ元の位置に戻せる弾力性《レジリエンス》とも言えるでしょう。その努力に私は「健全な図太さ」というアイデンティティを与えました。私が弱い面をさらけ出す勇気を持てたのもそのおかげです。先ほど「他人に合わせて生きるのをやめた」という宣言がカミングアウトのようなもの、と言ったのもそんな理由からです。

自己卑下や自責の感情がふつふつと湧いてきたときは、まず自分が自分の心の主《あるじ》であることを思い出しましょう。そんなふうに自分を責め、傷つけてもいいのか、考えてみるのです。もし自分自身に「こんなふうに自分を虐《しいた》げてもいいの?」と抗議したら、何と答えるでしょうか。ほとんどの人が、そんな根拠はないと気づくでしょう。

人間は取扱説明書もないまま生まれてきます。機械は購入時に必ず説明書がついてきて、材質や取り扱い方が詳しく説明されています。説明書どおりに扱いさえすれば、失敗はありません。ところが人間は身一つでこの世にやってきます。そして、いったい自分が誰なのか、どこから来たのか、どうやって自分を扱えばいいのか、知るすべもないまま、人生のドラマが描かれていきます。

不思議なことに、私たちの心は、よくないこと、否定的なことのほうから、より強く影響を受けます。まるで雑草が一度生えはじめると、畑全体を覆い尽くすように、ネガティブな思考はポジティブな思考よりもずっと大きな影響力を持つのです。人生では、ポジティブな出来事よりも、ネガティブな出来事のほうをより多く経験します。そのため無意識の中にはネガティブな結果に対する恐れが隠れています。実際に、成長過程でネガティブな経験が多い場合、ポジティブな感情に関係する左前頭葉の活動が低下するという報告もあります。

罪悪感、敵愾心、挫折、不安、憂鬱、羨望、嫉妬、性的で攻撃的な衝動や破壊心理など、一日に何度も揺れ動く、心理的なストレスに耐えながら生きている人はたくさんいます。だから、ハンガリーの小説家シャーンドル・マーライの表現はいつだって有効なのかもしれません。

「夢、憧憬、虚栄心、利己心、恋の狂乱、嫉妬、復讐心、それらはちょうどピューマやハゲタカ、ジャッカルが荒野の闇に潜んでいるように人間の心の闇にも潜んでいる[※1]」

順風満帆《じゅんぷうまんぱん》な人生という幸運を握りしめている人ならともかく、そうでなければ多くの人がマーライの言葉の意味を理解するはずです。それでも心理的なストレスを感じるからと、原因や責任を他人に転嫁して不平不満を言う人はいません。人生にはさまざまな面があり、つらいぶんだけ、ときには希望や喜びもあると、やはりわかっているからでしょう。

人生最後の日まで、連れ添わなくてはならない存在が自分自身です。ありのままの自分を受け入れれば、この先の人生は楽に、幸せになります。生まれてから今まで経験してきたすべてのことが、あなたを作っています。その中には、気に入らない部分もあれば気に入っている部分もあるだけだと、気楽に考えましょう。これからは、気に入らない部分も少しずつ直していこうと思いながら、「健全な図太さ」を意識していけば、はるかに成長している自分自身を発見できるでしょう。

ここからは、七つの人間関係処方箋をご紹介します。

一つめの処方箋

立ち止まって、コントロールして、抜け出そう

すべてのことには適正線があります。以前は、適正な線、常識、そういう話が大嫌いでした。陳腐で古臭くて日和見《ひよりみ》主義だと感じていたからでしょう。ところが、ある頃から適正線を守って生きること、バランスを失わずに生きること、常識的に生きることがどれだけ大変なのかに気づくようになりました。別の言い方をすれば、自分という人間のバランスは自分で取っ

て生きなくてはならない、ということですが、それは簡単ではなかったのです。

そこで助けになったのが「健全な図太さ」でした。誰もが自分自身との関係、対人関係など、人生で健全な図太さを発揮していけば、地にしっかりと足をつけ、バランスを取って生きている自分をいつか発見できるはずです。

カウンセリングで、「夢は何ですか」とクライアントに質問すると、答えは大きく二つに分かれます。「平凡に生きたい」と「幸せに生きたい」に。ひょっとすると、平凡に生きることも幸せに生きることも難しいと知っているがために、なおのことそんな夢を抱くのかもしれません。その願いをかなえるのが難しいのは、やはりバランスを取って生きるのが難しいからです。そうするには大きすぎる、不安や憂鬱、恐れ、心配などにとらわれて生きていくのが、私たちの人生だからです。その根底には、成功や賞賛への強い欲求や渇望が存在しています。


（出会う人全員にいい印象を与えなくては）

（必ずこの仕事を成功させなくては）

（しくじったり失敗したりしてはダメ）

（絶対に褒められたい）

（嫌味を言われるのは耐えられない）

……

自らを苦しめるために「何々しなければならない」と自分に下す命令は、意外にも数多くあるのです。

完璧主義によって自分を苦しめるとき、大体は自尊感情と関係があります。行きすぎた完璧主義や自己批判には、フロイト式に言うと、スーパーエゴ（超自我）が著しく強く現れます。すべてをつねにきちんと処理しなければと思っていると、そうできない場合、自分を落伍者《らくごしゃ》だと思い込んでしまいます。しかも、きちんとやることばかり考えていると、人生を楽しむためのせっかくのチャンスを見逃しがちです。そのため、問題を解決するには、まず自尊感情を育てていくことが必要になります。

自尊感情を持つためのポイントは、どんなときでも自分を受け入れ続けることです。長所や短所はもちろん、自分の過ちまで認め、あるがままの自分を受け入れられるようになったとき、初めてバランスの取れた自尊感情を持つことができます。その次は、自分の潜在能力を見つけ出し、伸ばす努力をすればいいのです。

自分でよくやったと思えたら、自分を褒めてあげます。それが積み重なって心の財産になり、それが増えるほど、ピンチに打ち勝つ力が増強されます。

自分の感情を傷つけているのは、自分自身ではないか。そう振り返ってみる必要があります。一度みじめな思いをしただけで、すぐに自分をみじめな存在にしてしまうなど、自分をみじめに、憂鬱に、不安にするのは、自分自身なのだと覚えておいてください。自らを悲劇の主人公にする必要はないのです。

もちろん、どれも簡単なことではありません。そこで必要なのが「ＳＣＥの法則」、つまり、立ち止まって（Stop）、コントロールして（Control）、抜け出す（Escape）。自我の力は放っておいても生まれるのではなく、トレーニングが必要です。極端な思考が出てきたら、まずその考えにストップをかけ、それを自分でコントロールできると信じ、自分を苦しめる思考から思いきって抜け出す努力をするのです。

シェイクスピアは「世の中には幸も不幸もない。ただ、考え方でどうにもなるのだ」と言っています。彼の言葉のように、自分の信念の中で合理的でない信念、例えば「自分はこの試験にパスしなければならない。パスしなければ、自分は馬鹿で、本当に欲しいものを手に入れられない」と考えるかわりに「試験にパスしたい。でも今回失敗しても、またチャンスはある。落ち続けたとしても、別の方法で幸せになれる」と決めれば、たった一度の失敗で自分のすべてを決めつけるといった過ちをおかさずに済みます。

もちろん最初から「ＳＣＥの法則」がうまくいくとは限りません。こつこつと繰り返すしかありません。『トム・ソーヤーの冒険』の著者マーク・トウェインはこう語っています。

「タバコをやめるのは簡単だ。私は何千回も禁煙している」

自分を変えるのは禁煙よりも一〇〇倍難しいでしょう。何万回もトレーニングを繰り返すという覚悟がいります。もちろん、それだけの覚悟がいるという意味で、実際に何万回もやるということではありませんが。それよりは、ほんの小さなこと、例えば「いつもみんな、私を好きでいてくれて愛してくれなくちゃダメ。そうでなければその人は悪い人」と考えれば腹も立ちますが、「自分も嫌われることがある」と柔軟に考えることができれば、あまり腹も立ちません。そう経験するだけでも十分なのです。

二つめの処方箋

過ぎた出来事の重さから軽くなろう

どんなときでも自分自身を受け入れる。それが自尊感情の回復のポイントであると覚えていれば、他人や環境のせいにして時間を無駄にすることがなくなります。

「うちの親は私にあんなふうにすべきじゃなかった。それを考えると、まだ我慢ならない」と考えても、残るのは怒りだけ。そのせいで多くの時間を無駄にした人は少なくありません。そ

こで、まだ抜け出せない過去の傷がないか、振り返ってみる必要があります。

さいわい私たちは、過去を変えられなくても、過去に対する思考は変えることができます。そして「成熟する」というのは、子どもの頃の経験から自由になることも含まれます。さらに、自分の人生は究極的には自分が選ぶのだと受け止め、その責任を負う努力をしていくのです。それが、自分自身との関係や他人との関係に信頼感を与えます。

今に集中できなければ、自分の潜在能力やエネルギーを十分に使いこなせません。スピリチュアル作家のエックハルト・トールの言葉を借りると、「私たちのすべてのエネルギーは今、ここに集中しています。今、ここに在ることによるエネルギー、創造性、そして決意の爆発こそが、今、ここの真のパワーを見せてくれる」ためです。

今の力が重要なのは、まさにその瞬間の選択が集まって、人生の全体図を完成させるからです。そのため、今を充実させていれば当然、成功の喜びも味わえます。とはいえ、それはあくまでも希望的観測であって、今に集中することはそう容易《たやす》くはありません。数多くの葛藤や悩み、神経症や不安が、今に集中する力を妨《さまた》げるからです。

孔子《こうし》は四十歳を不惑としましたが、ジファンさんはそうなれませんでした。不惑どころか、四十歳になって、ますます精神的にきつい時期に突入した気がしたそうです。事業に失敗した彼は、知らぬ間に落胆と恨みをぶつける対象を見つけ出していました。それは、すでにこの世にいない母親でした。

　ジファンさんの母親は、彼が高校生のとき、父親に内緒で家の全財産を持ち出し、若い男と駆け落ちしました。その後、父親はストレスから精神を病んで世捨て人になり、ジファンさんは卒業まで叔父の家で過ごさなくてはなりませんでした。大学生活はアルバイトに必死で、思い出など入り込む余地もありませんでした。さいわい卒業後は大企業に就職し、いい相手とめぐり会って結婚、安定した生活を送っていましたが、ピンチを迎えるたびに母親への恨みと怒りが募りました。

　母親のせいでつらい思いをしたかつての日々、あのとき持ち逃げされなければ、今、どれだけ助けられたかわからないお金。結局、そのお金すらすべて失い、男に捨てられ孤独に世を去った母親の人生を思うと、一日に何度も耐えられない心境になるのでした。

　彼は冷たく言い放ちます。「少なくとも息子である自分に対して、そんなことはできないはずです。少しでも僕を思ってくれていたのなら……」。今に集中すべき力を、彼は過去に対する悔しさと憎しみに無駄に使い、もはや疲れ果てていました。これでは未来も不安になるしかありません。

　フレデリック・パールズは、心理療法で「今ここ」の重要性を提唱した精神科医です。彼の主張によれば、すべての生物は、植物であれ動物であれ人間であれ、本能的な目標を持っています。それはまさしく、自分の本質と一致させた自我を実際の姿として実現することです。

例えば、バラはバラとしての自分自身を実現させ、ゾウはゾウとしての自分自身を実現させているとパールズは言います。もし、バラがカンガルーになろうとしたり、ゾウが鳥になろうとしたりすると、どうなるでしょうか。おそらく、決してかなえられない虚しい期待と葛藤で、死ぬほど苦しみながら一生を終えるだろうと、彼は言っています。

実際、私たちが人生で最も苦しみ、ジレンマに陥る理由の一つが、まさに「自分以外の自分になろうとする欲望」にあるのではないでしょうか。不調和をもたらす欲望によって、潜在能力が無駄になり、精神的にも苛まれ、結局、人生には「失われた」というタグだけが付いてしまうのであれば、これほどの悲劇はありません。

パールズは、人間がその罠にはまりやすい理由の一つとして、「今ここ」の力を軽視しているからだと言っています。自分に与えられた唯一の現実としての「今」に焦点を当てずに、すでに過ぎ去ってしまった過去や、まだ訪れてもいない未来に気を取られていれば、当然、思い悩むしかなく、虚しい欲望に苦しめられるのです。

パールズの主張によれば、精神的に健康でバランスの取れた見方ができる人は、自分の潜在能力のどの部分も拒んだり捨てたりしません。健康なメンタルでいるためには、過去への執着と未来への不安から抜け出す必要があります。過去に縛られて生きると、ジファンさんの例でもわかるように、人生のある地点に対し、ひどく感情的にとらえてしまったり、親を恨んだりすることにもなるからです。

一方、未来に対して極度の不安を感じる人も、やはり自分の運命に落胆し、環境や他人のせいにして恨んだり、不運のせいにしたりして、人生から逃げようとします。今に集中する人だけが、そういったことにとらわれたり、逃避を選んだりするかわりに、自分の潜在能力を十分活かすことができるのです。

私はジファンさんに、こびりついてしまった過去の経験や、未来への不安と恐れが、どれだけ潜在能力やエネルギーを奪ってしまうか、説明しました。心の中で憎むことと、それを言葉に表すことは違います。言葉で言い表すためには、まず心の中にどんな感情があるのか直視しなければなりませんが、それを言葉で表現するプロセスを経ると、自分の感情と経験を客観的に眺められるようになります。これがカウンセリングの効果です。

さいわい彼は、すでに癒やされはじめていました。カウンセリングを通して、これまで誰にも、妻にさえも決して言わなかった、母親についての話を打ち明けはじめました。そのおかげで、心の奥でがちがちに絡まっていた過去の鎖が、少しずつ解かれていきました。カウンセリングが終了する頃には、母親への憎しみの感情からも解放されてほしいと願っています。

三つめの処方箋

図太さと無神経さの適正線を守ろう

人間関係はおそらく誰にとっても難しいものです。考えてみてください。第二外国語の勉強も、初めはがんばるので習得できそうな気がしますが、忙しさや疲れで何日かさぼってしまうと、最初に逆戻りします。ましてや自分の世界と他人の宇宙がぶつかる人間関係です。簡単なはずがありません。宇宙飛行士のバズ・オルドリンに「人間に残された最後の未開拓の分野が人間関係」だと言わしめるほどです。ある意味、宇宙飛行と同じくらい大変なのが人間関係なのかもしれません。

ときどき、図太さと無神経さを混同する人がいます。誰もが自分の思っていることを好きに話したいと思っています。でも、それが相手を馬鹿にしたり侮辱したりする言葉であってはいけません。無神経さと図太さの違いがあるとすれば、後者には自分自身への礼儀、ひいては他者に対する尊重が含まれているという点です。

自分が自分に礼儀を尽くすとき、必要以上に自分を憐《あわ》れむ必要も、他人と比較して蔑む必要もなくなります。嫌なのに断れず、流されるということもなくなります。自分自身を優先できるからです。健全な図太さを持った人は、もちろん他者に対しても礼儀を守ります。自分を大切にして守ろうとする人たちは、他者にも同じようにするからです。彼らは自分のものが大切

なら、他人のものも大切だと知っています。

その逆のタイプであるほど、生真面目な原則主義者になります。人間関係や社会生活をスムーズにするため、欠かせない要素の一つが水のような柔軟性ですが、小さなミスも責め立て、過ちを指摘して回るような人は周りから疎《うと》んじられます。本人は緻密で真面目だと思っていますが、相手にしてみれば、単に配慮と共感に欠けた人にしか見えないからです。融通の利かない人たちが、人間関係でしょっちゅうトラブルを起こすのはそのせいでもあるのです。

もし、そんな問題を抱えて人間関係がぎくしゃくしていたら、相手の立場になってみる必要があります。よく言われるたとえのように「相手のモカシンシューズを履いて一マイル歩いてみるまでは、その人を批判してはいけない」からです。人は誰でも利己的で自己中心的に生きる存在です。その点、全員が被害者であり加害者です。実際、臨床での相談は、自分は被害者でもあるが加害者でもあり得る、と受け入れることが基本になります。

その考え方を少し広げ、他人も自分と同じなのだと知れば、人間関係が楽になります。もちろん「あの人に本心を知られたらどうしよう？」と心配になるかもしれません。そういうときは「本心を知られたって構わない」とクールに考えましょう。相手もやはり自分と似たようなことを思っているはずで、そう考えれば、相手に対し無謀な期待を抱かなくなります。

人間関係は天気のようなものだと受け入れるといいかもしれません。生きていれば、明るい陽射しの日もあれば、空一面雲に覆われる日もあります。しとしと雨が降る日もあれば、雨風が吹きつけ大雨になる日もあります。天気については、空を恨みはしても、そのまま受け入れ、備えます。

それなのに、人間関係は完璧でなくてはダメ、と考えるとしたら、それこそ傲慢ではないでしょうか。人間関係も、天気のように、あんな日もこんな日もある、というふうに考えてはどうでしょう。普段はいい人でも、気分によって状況は変わります。例えば、挨拶したのに返事をしてもらえなかったときは「気づかなかったんだな、悩みでもあるのかな」と流せばいいのです。会社から帰って顔を合わせたとたん、夫がぶつぶつ言ってきたら？「ああ、この人、少し疲れているんだわ」と思えば、そこまで腹も立ちません。まともに相手をしてしまえば、小競り合いが大きくなるのは時間の問題です。

人間関係を面倒だと感じる人たちは、相手の反応にいちいち傷ついて、エネルギーを浪費しています。対人関係においても、エネルギーをどう使うか、効率性が重要です。雨の日には傘を用意するように、人間関係でも状況によって一定のスキルや対応能力が求められるのは、そんな理由からです。

運転やほかのことには、テクニックが求められ、練習が必要だと知っています。ところが人間関係ではそう思っていない人が多いのです。ただ自分の性格そのままで、自分がやりたいようにやるのが正直であると勘違いしているケースもありますが、それでは困ります。そう考えた瞬間から壁ができ、逆にその壁を壊す瞬間から、人間関係が改善していくのです。

先に述べたように、極端な考え方が自分を苦しめるときは、一分だけでもその思考を止《と》めてみましょう。次はその思考が、ただ通り過ぎていくまで放っておきましょう。トレーニングを繰り返すうち、世の中には自分の物差しで判断することはそう多くないと気づくでしょう。

四つめの処方箋
断るときはやんわり、でもきっぱりと

対人関係の悩みで代表的なのが、断るという問題です。他人に頼みごとをするのは決して簡単ではありません。私を含めてほとんどの人は、何度も頭の中でシミュレーションした末、やっとのことで行動に移します。そんな状況でお願いするのですから、断られたときの困惑ぶりや恥ずかしさといったら、言葉では言い表せないほどです。断られるのではと迷い、行動に移せず、時間を引き延ばすだけでシミュレーションばかりを繰り返す場合すらあります。

もちろん私たちの周りには、相手がどうしたいのかまったく気にせず、自分がやりたいように堂々と頼んでくるような人もたくさんいます。不思議なことに、そうやって堂々とお願いされると、当然のように聞き入れなければならない気がしてきます。頼みを聞いてあげられないと、いつも以上に罪悪感を覚えるのです。そのせいか、映画やドラマではそんな脇役がお約束

のように登場します。大抵、軽いコメディで終わるというのも実際と似ています。

でも、彼らも大事なお願いするときは適当に頼みません。同じように真剣に悩んだり葛藤したりするはずです。それがわかっているので、断らざるを得ない状況に置かれるとつらいのです。しかも誰かが言うように、敵からも褒められたいのが人間の心です。そうなると、ますます断りづらく感じてきます。逆に考えても、頼みを断れば相手をがっかりさせるのは間違いないので、簡単に断ることができません。

これまでの関係性が壊れるのを心配して、断れずにいる人たちの中には、できる限り返事を遅らせる人も多くいます。でも、どうしても断らざるを得ない状況なら、まずは早いうちに断る意向を明瞭簡潔に示しておくのが一番いいのです。それなのに、がっかりされて嫌われるのではという不安から断りきれず、自分の手に負えないことでも、仕方なく聞き入れ続けてしまいます。問題は、それが続くと、負担を感じさせる相手だけでなく、自分に対しても怒りを覚えはじめることです。

悪い評判が直接自分の耳に入ってくることはそうありません。自分に腹を立てて不満を感じているのは、今、目の前に広がる現実です。そのぶんつらさも感じます。その際には、何を選ぶべきでしょうか。

多くの場合、相手は頼みを断られると多少傷つきますが、その現実をただ受け入れます。それは自分も同じことです。そのため、断ることへの不安はいったんしまっておきます。そしてただ、その場ですぐ、明瞭簡潔に自分の立場を伝えます。

時間をおいて断るよう勧める人もいますが、かえって相手に期待させておきながら、結局がっかりさせることになります。これまでの私の経験から言ってもそうですし、多くの人の話を聞いても、ぐずぐずと返事を引き延ばすのは一番よくない断り方でもあるのです。そこで私の場合は、聞き入れる余地があることなら、一日考えてから、自分の意思を伝えます。それでも断るべきだと判断したときは、できるだけ早く伝えます。そのとき、同じことをくどくど繰り返す必要はありません。人はつねに自分の都合のいいように解釈するので、こちらは断ったのに相手はオーケーと勘違いし、なおさら立場が悪くなることもあります。ですから、ただ「ごめんなさい。私の立場ではその頼みは聞いてあげることができなくて」とはっきりと言うのが一番です。

この法則は、断るときだけでなく、相手に苦言を呈したり、嫌なことを言ったりするときも同じように使えます。カウンセリングをしていると、リーダーの立場にある人たちも、組織の人間に厳しいことは言いづらい、という話をよく聞きます。仕方なくやんわりと遠回しに言っても、きちんと理解してもらえなかったとも。些細なことでも、なかなかスムーズにはいかないのに、大きな変化を前に困惑する役員もたまにいます。

そんなときは、どんなふうに言って伝えたのか、教えてもらいます。そして私の口から出るのは十中八九、「そんなふうに遠回しに言ったら、私でも気づきませんよ」という言葉です。そのたびに、自分の意思を伝えるときのポイントは、「やんわり、でもきっぱりと、そして明瞭簡潔に」、ずばりこれです、とお話しします。

それを実践した役員たちが聞かせてくれる後日談は、ほぼ肯定的なものです。「驚くような経験だった。これまでは部署の同僚に嫌われるのではと、きちんと言えなかったのが、やんわり、でもきっぱりと伝えたら、むしろそっちのほうがいいと思われたようだ。これまではみんなもこちらが何を言いたいのか、よくわからなくて混乱していたのが、今は違うと言われた。コミュニケーションが明快になったので、生産性も上がった」など。

私の経験からも、これまでの例を見ても、たしかにそのとおりなのです。一番馬鹿らしいのは、他人からどう思われるだろうかとびくびくすることではないでしょうか。いつだったか『2度目の二十歳』という韓国ドラマで、ヒロインの台詞に深く共感したことがありました。独り立ちしようと苦戦するヒロインはこんなふうに言いました。

「他人の基準に合わせて生きるのは、もうやめるわ。何の意味もないことだもの」

まさにそうなのです。断ろうが、言いにくいことを言おうが、大事なのは自分の基準に合わせることです。意味があり、役に立つのはそれだけです。そしてもう一つ、他人の人生にしてあげられることなどそう多くないと、早めに気づくべきです。必要のない干渉やアドバイスは最も避けるべきでしょう。それで相手を変えられることは決してありません。

他人に対する親切とは、半歩だけ前に出て、半歩分だけ助けることです。もちろん私にとってはそれも簡単ではありません。おせっかいなところが私の大きな悩みだからです。でも私たちは生命であり、そのエネルギーにも限界があります。だから優先順位を決めることが大事なのです。

たった半歩分だけ助けること。自分が本当に変えられることと、変えられないことを分けて考え、エネルギーを効率的に使うこと。それが悩んだ末に私が導き出した法則です。

五つめの処方箋
人間関係にも剪定が必要

SNSを崇《あが》め奉《たてまつ》る人たちがいます。ひとまずスマホに電話番号が多く登録されているほど、自分はうまくやっていると考えます。あらゆるSNSにアカウントを開設しているだけでなく、活発に活動もしています。時間を割いて顔を出すオフ会もたくさんあります。私にはとても真似できないことですが、一方では羨ましさも感じます。まめでなくては、あれもこれも活動できません。何よりそのまめさが、羨ましいのです。

私はグループチャットですらおっくうに感じる人間です。驚くほどまめでなくてはダメだと気づいたからです。あんなふうにみんな夜更かしして、寝ずに自分のことを話しまくる様子を見守るのは、さすがに新鮮でした。自慢する人、それを嘲笑《あざわら》う人、どうでもいいことに腹を立て、退席する人など。そうして話題が尽きると、人のゴシップに始まりあらゆる陰謀論まで、とりとめもなく続くので、夜通し鳴る通知音のため、なかなか眠ることさえできませんでした。

かといって退席すれば、誰が抜けたかがわかるので、それも簡単ではありませんでした。十中八九、退席した人の陰口が飛び交うからです。そうされるのが怖くて、しばらくはただ在席するだけのこともありました。けれど一日二日ならまだしも、これは違うぞという気がしてきて、陰口を言われるほうを選びました。そのときの解放感といったら！

私が住んでいるマンションには居住者専用のコインランドリーがあって、私もときどきそこを利用しています。それまでは、洗濯物を洗濯機に突っ込むと、その場を離れ、終わる頃を見計らってまた戻ってきていました。ところが、洗濯が終了するまでそこにいる人たちがたまにいるのです。なぜだろうと不思議に思っていましたが、あるとき私もそうしてみたら、とてもよかったのです。そこにいるあいだは、ただ自分だけの時間と空間が確保できるから。その自由な解放感に、またとないリラックスした気分を味わいました。

それと同時に、私たちには、自分自身にそういう自由を許してあげる義務がある、という気もしました。人間関係でも同じだと思います。スマホに登録された多くの人たちと、どれだけ親しい関係を維持できるでしょう。ただ知り合いだという安堵《あんど》感を与えてくれるだけです。最近は、部屋のインテリアでも、いらない物を片づけて空間を作ろうとよく言われますが、人間関係もときにはそんな断捨離が必要です。

いわゆる家柄のいい子どもたちが通う学校にわが子を入れたい、と熱弁をふるうお母さんに会ったことがあります。階層というのは上に上がるほど閉鎖的になる性質があり、かといって後にネットワークになるわけでもないと話して聞かせようとしました。ところがその熱心さには勝てない気がして、話すのをやめてしまいました。

そうやって人脈作りに精を出す人をたまに見かけます。彼らを見ていると「この人にとって人間関係はひけらかすのが目的なんだな」としか思えませんでした。

人間関係は彼らが考えるほど与《くみ》しやすいものではありません。むしろ冷たいと思うほうが正しいでしょう。うんと親しく深い関係でなければ、必要な関係だけ維持し、そうでなければ切ってしまう。必要のない相手にまで時間を割いて会う人など、これまでほとんど見たことがありません。定年退職後、あらゆる人間関係が消滅したと話す男性がときどきいます。うまくいっているときは満ち潮のように群がってきた人たちが、引退したら、引き潮のようにいなくなってしまったと。そう話しながら、虚しさと喪失感にとても耐えられないと打ち明けるのです。

彼らを見ていても、人間関係には剪定《せんてい》が必要だと実感します。必要のない人間関係に時間や体力やお金を費やし、あとで後悔するのでなく、二十四時間、つねに時間を共にする自分自身にすべてを費やすほうが、まだましだと思うことすらあります。

一〇〇人中一〇〇人、全員とよい関係を築くことはできません。一生続くような関係は一人か二人です。この世に自分の望みをすべてかなえてくれる人は、まずいないと思いましょう。一人でもいたら大成功で、その人ですら、つねに同じようにはふるまえないことを受け入れましょう。自分自身ですら、いつも気に入らず、思うようにならないのに、それを他人に求めるのは酷な話です。

普段の人間関係で重要なのは、相手を尊重しながらも健全な距離を保つことです。互いにきつくて、疲れるだけの関係なら、しょっちゅう会わないようにするのも一つの手でしょう。一〇〇パーセント満たされる関係など望めません。それより自分らしい付き合い方をするのがいいでしょう。

どんな選択をするにしろ、必ず捨てる側が存在します。捨てることに対する後ろめたさまで受け入れることが選択です。どっちつかずな気持ちが問題なのです。ただ気楽に言いたいことを言い合える、相手のフィードバックによって自分の選択をコントロールできる関係ではないのなら、距離を保つことも必要です。それが健全な図太さです。

六つめの処方箋

あえて自分まで出しゃばる必要はない

他人の私生活は気になるものです。特に他人の陰口や噂を口にするときは、一種の快感すら覚えるのが人間の本性です。道徳的な聖人君子でない限り、そんな快感から自由になれる人はほとんどいないでしょう。ただし、この世のあらゆる誘惑がそうであるように、ある程度の線でストップできるかどうかが、重要だと言えます。

普通の感覚を持つ平凡な人なら、少なくとも誰かを傷つけたり棘《とげ》になったりする陰口は言わないようにするものです。抑えることができずに全部ぶちまけてしまえば、性格の悪い、意地悪な人間になっていくのは時間の問題だからです。それ以上、噂を広めることにも、できれば加わりたくないと考えます。誤った噂や陰口が、相手をどう傷つけるかよくわかっているからです。

反面、他人の傷に興奮しやすく、のめり込む人たちの共通点が一つあります。威勢のいい見かけとは裏腹に、内面には恐れと不安、敵愾心や劣等感があふれているのです。他人への陰口は、それを最も簡単に噴出させる方法の一つです。

フロイトは私たちが他者に対し、言葉で攻撃性を示すことを「口唇《こうしん》攻撃（oral aggression）性格」と言いました。赤ん坊が母親のお乳を吸ってぎゅっと噛むように、私たちの中にはそうし

た攻撃性があるのですが、大人になるとそれが主に他者への非難や悪口として現れるのです。だから、誰かに嫌なことを言われていると思ったときは「そうか、口唇期的な攻撃性が発動されたんだな」と考えれば少しだけ気が楽になります。

陰口を言われると傷つくのは、自分のことは客観的に判断してもらえるはずだと周りに期待するからです。でも、そんな期待はさっさと手放したほうがいいでしょう。その人の評判がどうであれ、自分によくしてくれる人はいい人、頼みを断られたら嫌な人、と分類してしまうのが人間です。

人付き合いで礼儀は守っても、無理な頼みごとはせず、また引き受けもしないという信条を守ってきた人と知り合いになりました。彼がしばらく困った状況に陥っていたときのことで、裏で彼を悪く言う人たちがいたようです。その理由は、これまで頼みを聞き入れてもらえずに、恨んでいるからだとわかりました。ショックを受けた彼は、そんなことがあるのかと憤慨しましたが、そんなこともあるのが、人の心なのです。

誰かのよくない話を聞かされたときは「そうか、二人の間に何か嫌なことがあったんだろうな」と思えばいいのです。自分に対してのよくない話を聞いたときも同じです。ただ聞き流せばいいだけです。もちろん、自分のよくない噂が立っていると知ったとき、それに打ち勝つことは簡単ではありませんが。

コロンビアの作家G・ガルシア゠マルケスの『コレラの時代の愛』を読んでいたら、おもしろい一節を見つけたことがありました。

「あの町は隠しごとのできない土地だった。家庭にはじめて電話が設置された直後に、仲のよさそうな夫婦が何組か電話による告げ口がもとで別れるという事件があった」[※2]

おそらく、その町にも他人の噂話に興じる人たちが相当いたのでしょう。

私たちは今、個人のゴシップを含むあらゆる情報がサイバー空間にあふれる時代に生きています。ゴシップは絶え間なく拡大再生産されながら、当事者たちを苦しめるのが常です。デンマークの哲学者キルケゴールは言っています。

「個人には良心があるが、集団には良心がない」

これこそが群集心理というものです。そして私たちはインターネットの世界でその弊害を直接目撃しています。

実際に誤った情報によって被害に遭っている人の数はとても数え切れません。誰かがこんな事件を起こしたという噂によって、当事者の身の上を一から十まで詳細に調べ上げることが簡単にできてしまう世の中。そうした情報が国中に広がるまでに、大して時間はかかりません。

数多くの人がSNSで情報をシェアし、広め、伝えていくからです。

一言で言えば、もはや自分を隠して生きてはいけない世界になってしまったのです。何をしていようが、意思とは関係なく、すべて世間に知れ渡ると思って生きなくてはならない時代が到来したようです。これではまるで巨大なガラスのドームで、何の覆いもなく、すべてさらけ出された状態で生きるのと変わりありません。自分だけでなく、誰もがそうなので、訴える場所もない状況です。最近の若い世代はわかりませんが、上の世代はやはり戸惑わざるを得ません。かといって、その気持ちを好き勝手にぶつけるわけにもいきません。ぶつけたところで、せいぜい何もわかっていない旧世代、というレッテルを貼られるだけでしょう。

そんな状況なので、まずは自分だけの価値観をしっかりと持っていくことが、何より重要だと思います。あらゆる状況に対し、どう判断し対応するか、自分だけの明確な基準がなくてはならないでしょう。

単純な同情心からのおせっかいは、大体、ポジティブな結果になりますが、ゴシップや噂への興味本位からでは、ネガティブな結果しか招きません。その点、自分だけの判断基準を持つのはそれほど難しくはないでしょう。

自分も出ていく必要があるときは勇気を持って出ていき、そうでないことには関心を向けない勇気を持つ。それが一番賢明な対応ではないでしょうか。

七つめの処方箋

それでも人を信じてみよう

多くの人の相談に応じながら、必ず伝える話がいくつかあります。その一つが「自分の心とまるっきり同じ心の人はいない」というものです。自分の心と同じとはどういうことでしょうか。相手がいつどこででも、自分がしてほしいことを、どんどん率先して何でもしてくれるとき、私たちは自分の気持ちをわかってくれる人だ、という言い方をします。

それがいきすぎて二分法的思考になっている人たちもいます。自分によくしてくれる人はいい人で、頼みごとを聞いてくれなかったり、期待したほどの関心や配慮を示してくれなかったりすれば悪い人、というふうに。問題は、そういう人たちの近くには、いい人がほとんどいないことです。

考えてみれば、人生を生きる主体である自分も、自分自身が気に入らないときがたくさんあります。カウンセリングで必ず出てくるテーマもまた、「自分自身が気に入らない」というものです。私自身もそうです。健康のために規則的に運動すべきだとわかっています。何があっても運動しようと固く決心もします。けれども実際に体を動かすのは、たった一日か二日、三日目からはうやむやになってしまいます。そんな自分が気に入りません。もちろんそのほかにも気に入らない部分はいくつもありますが、それは自分だけじゃないと言い聞かせて、慰めて

いるだけです。

「みんな自分と同じように思っていると考えていたのに、傷ついた」と誰もが言います。もちろんそれは事実に近いと言えるでしょう。相手も自分の気持ちと同じだろうと信じて行動する以上、私たちは人間関係で傷つくようになっています。

自分の親が気に入らない、ということもよくあります。それで子どもの頃、この親は本当の親ではなくどこかに完璧な自分の親がいるのだ、という幻想を抱くのかもしれません。自分が産んだ子ですら、気に入らないこともあるでしょう。ましてや他人であれば、言うまでもありません。全員が自分の気に入ることなど、ほとんどないと思うべきでしょう。人間関係は「自分と同じように思う人はいない。私が出会う人は、自分とは違う人だ」という事実を受け入れるところから始めなければなりません。

それなのになぜ私たちは、全員が自分の気に入る人でなくてはならないと考え、そうでないと失望するのでしょうか。ここには二つの心理的な要因があります。

一つめは、ほかの人たちも自分と同じ見方で世の中を見るべきだという心理です。私たちが見ている世界は、それぞれ自分の経験により、見方が異なるはずです。人は自分の見方であらゆるものを見ます。簡単な例で、傘売りには雨の日が、わらじ売りには晴れた日が書き入れ時なのです。そんなふうに人間は、自分の観点、自分の経験、自分のコンプレックスにもとづいて、世の中や人を見るのです。

講義先で呆れるような経験をしたことがあります。ある組織に数回の講義に出向いたことがあったのですが、そこの代表が私に会いたいと言ってきました。講義を主催した教授の案内でその人に会ったのですが、私に会うなり、一言目にこう声をかけてきたのです。「ずいぶんと背が低いんですね」。予想外で驚いたという口調でした。おそらくテレビに出ていた私を実際より大きいと思い込んでいたのでしょう。それが画面で見たのと違って小柄だったと。

私ももちろんですが、案内してくれた教授はどうしていいのかわからず戸惑っていました。おかしいのは、そう言い放った張本人が、とても背の低い人だったのです。おそらく彼は自分の身長にコンプレックスがあったのでしょう。その場合、自分の嫌いな部分を持ち合わせている人を嫌うものです。まるで出来の悪い自分自身を見ているようだからです。

さいわい私は背の低さにあまりコンプレックスを感じていないので、そう言われて傷つくことはありませんでした。でももし、そうでなかったとしたら、何か恨みでもあるのかと思っていたかもしれません。

料理が得意な人は、料理が苦手な人を見て優越感を覚えます。オシャレな人は、オシャレじゃない人を見下します。買い物上手な人は、買い物下手な人を軽んじます。そんなふうに、自分と違う人生を生きている人が、自分と違うように世界を見ている、という事実を人は受け入れられません。でも、「どうして自分と同じように思う人はいないんだろう」ではなく、「自分と同じように思う人はいないから、世の中は回っているんだ」と考え方を変えるほうが、楽ではないでしょうか。

実際に海外の組織では、互いに異なる経験、異なる考え方の人同士でチームを組ませることがよくあります。そうすれば同じ問題でも、違う視点から考察できるからです。そうした多様な見方が集まったとき、初めて問題解決の糸口が見つかるのです。

二つめの要因は、自分のすべてを理解してほしいと期待する心理にあります。どんなときでも自分を理解し慰めてくれる人などいないのですが、そのことに傷つくのです。その傾向が強い人たちがいます。彼らの話を聞いてみると、つねに自分のことをわかってほしいと思っていて、わかってもらえないのではと不安になり、相手を試すことが多いのです。

離婚した元夫と再婚を決めた女性が相談に訪れました。もう一度うまくやれるかどうか不安だと言います。その不安から、相手のちょっとしたふるまいにも神経質になり、思わず怒ってしまうということでした。ケンカになると、結局は「こんなことなら、よりを戻すのはやめよう」と言ってしまうというのです。すると相手も「そうだな、やめよう」と反応するのだと。本当は「いや、自分には君しかいない」と慰めてほしいのに、そんなに冷たくするなんて、と訴えるのです。

売り言葉に買い言葉、とはよく言ったもので、相手から攻撃されれば、それに立ち向かい自分を守ろうとします。ですから、きついことを言っておきながら、相手にその言葉の裏に隠れた本心に気づいてほしいと思っても無理なのです。それは子どもが反抗する心理と同じです。

思春期の子どもは反抗することによって、親がどれだけ自分を愛してくれているか確認しようとします。「どれだけ自分を受け止めて理解してくれるのか見せてほしい」と、態度と行動で表現しているのです。

精神的に成熟していない人ほど、思春期の子どものように、相手に掛ける期待が大きくなります。まだ幻想の中で生きているとでも言えばいいのでしょうか。何度も繰り返しますが、自分が何をしてもすべてを受け止めてくれる人など、この世のどこにもいません。親ですらそうなのです。だから認めてほしければ、認めてもらえるように努めなくてはなりません。それが人間関係の基本の法則です。

「一〇本の指を噛んで、痛くない指はない（自分の子は全員かわいい、という意味）」という言葉は人間関係においては嘘なのです。よくしてくれる子どものほうがかわいいものです。どんな行動をしようと、ありのまま受け入れてくれるような人はいない、と気づいたとき、初めて「健全な図太さ」を実践できるのです。

訳注

※1　『灼熱』平野卿子訳、集英社、二〇〇三年より引用

※2　『コレラの時代の愛』木村榮一訳、新潮社、二〇〇六年より引用

CHAPTER

4

誰にも振り回されない自分になるために

ダメな自分とも向き合う勇気

私の臨床経験から言うと、多くの人は、自分は何者かということにあまり関心がありません。それよりは、どこに行くべきなのかに関心を向けています。しかし、じつは逆であるべきなのです。自分が何者なのか、どんな姿なのか、まずそれを知らなくては進むべき方向を決められないからです。

聖書にも、これに関する興味深いエピソードがあります。弟子になりたいとイエスのもとを訪ねてきた人がいました。イエスは彼らに「何か願いがあるのか」と質問しますが、彼らは「どこにおとまりなのですか」と尋ねるのです。[※1] 自分が何者であるかという本質より、方向を探し求める人間の姿が投影されています。

子どものことで悩み、クリニックを訪ねてきた親がいました。父親は社会的に成功し、そのことに強い自負心を抱いていました。自分の力で必死に努力し、今の地位に上りつめたのですから、そう思うのも無理はないでしょう。これまで耐えてきた苦労は神のみが知る、とも言いました。ということは、彼の前では「そこそこの」努力はまったく輝いて見えないのです。それは子どもに対しても同じでした。彼からすると息子は「父親のおかげで楽な暮らしをして、お金をじゃんじゃん使うのが趣味の人間」でした。その息子が、やらせたかった勉強ではなく

音楽をやりたいと言ってきたとき、父親の表現を借りれば「おかしくなりそうだった」とか。最初はまったく相手にしないことで怒りを表していましたが、憎しみが抑えきれなくなった瞬間、怒りは暴言や身体的な暴力へと変わりました。そんな父親に、息子は結局、心を閉ざします。息子もやはり、父が嫌がる行動を取って怒りを表したのです。

初回のカウンセリングで、憤慨する恐ろしい父親の表情を見たとき、私も凍りつきそうになりました。その姿は心理検査にもそのまま現れました。検査の結果、彼は非情なほどに他者に冷たく、自己中心的なタイプだとわかりました。カウンセリングでも、わが子への怒りや他者への無関心をさんざん表出しました。会話をしても、ひたすら論理的で、それが正しいかどうかしか考えていませんでした。

自分の感情を出したくないとき、人は論理的に武装します。ある意味、それで自分を守れたと、うまくやれていると思うのかもしれません。ところが実際はその逆です。解決されない感情は、そのまま自分の中に残ります。それはときに、暴言や暴力、衝動的な行動として現れます。

この場合、親子間のいざこざを解決するために、まずは取り組むべきことがあります。自分自身、どんな人間なのか、無意識はどうなっているのか、人間関係でどんなパターンを見せているのか、知る必要があるのです。それがわかれば、冷淡さや完璧主義が改められ、そのプロセスで、子どもをありのままに理解し、受け入れられるようになります。

では、私たちはなぜ、自分が何者なのかを理解するプロセスを、それほど敬遠したがるのでしょう。

まず一つめは、自分の本当の姿を知るのは、生易しいことではないからです。多くの研究者が人間を宇宙にたとえますが、そのとおりだと思います。自分の心の中を一度のぞいてみてください。どれだけ多くの考え、感情、記憶が渦巻いていることか。そして自己コントロールがどれだけ難しいか。だから多くの研究者が、人間を知るのは宇宙や自然の原理を知るプロセスであり、宇宙や自然の原理を知れば人間を理解できるとも言うのでしょう。ソクラテスが「汝《なんじ》自身を知れ」と唱えたのも、同じ理屈です。

二つめは、自分自身をわかっていても、コントロールするのは難しいからです。人間には、慣れ親しんだものを追い求める性質があります。つまり自分を変えるというのは、本能に逆らうことでもあるため、簡単ではないのが当然なのです。ところが、自分自身が変わらなければ、つまり自分から世の中に適応しようと努力しなければ、いつかは世の中から強制的に変えられてしまうのです。私たちは、無意識ではそのことを理解しているので、葛藤し続けるのです。その葛藤が直観の力を弱めてしまい、結局、自分がどこに行けばいいのかわからなくなってしまいます。直観とは、勘ではなく、あるがままに見る力のことを言います。

苦しい人生を生きたい人はいません。誰もが望みどおりに、順調に流れていってほしいと思っています。ところが、人生はちょくちょく、そんな希望を裏切ります。人によってその大きさが違うだけで、誰の人生にも苦労があります。それで自分より苦労している人を見て、自分を慰めるのです。あの人に比べれば、自分はまだ大したことないと。

興味深いことに、人間は、外側に自分を苦しめる出来事がないと、今度は自分で自分自身を苦しめます。人間は、幸せを追い求めながらも、自分を不幸にしようとする、おかしな存在だからです。そこで何よりもまず、自分が何者なのか、どんな姿をしているのかを、知る必要があるのです。自分の中にある、自分を苦しめるものは何なのか、生まれ持った潜在能力は何なのか。それを知るのが、外の世界に立ち向かいながら自分を成長させる、最初のプロセスです。

私たちは自分の意思とは関係なく、受動的にこの世に生まれてきます。けれど、そのあとの人生は受け身でいるわけにはいきません。人生が難しいのは、決して受け身のままでは生きていけないためです。

世の中に嫌気がさして、部屋にひきこもっているとします。それも自分で能動的に選んでいます。食べるのが嫌でお腹を空かせるのも能動的な選択です。人生は、どの瞬間も能動的な選択の連続なのです。それが正しい選択、つまり成長の助けになる選択なのか、後退させてしまう選択なのか、という違いがあるだけです。

これを心理学では「エロス（Erôs）」と「タナトス（Thanatos）」と呼びます。エロスは生への欲動、つまり前に進むという意思を表し、タナトスはその反対に、死への欲動、究極的には受動的な状態に戻ろうとする意思を表します。それすら自分の選択です。人間は明らかに自分の意思と関係なく生まれてきたのに、必ず自分の意思で生きていかなくてはなりません。

その意味で、人生の課題は「知ること」になります。その最初の課題が、自分自身について知ることなのです。なぜなら、自分の目を通して、自分の耳を通して、自分の人生を通して世の中を知り、自分の言葉と行動を通して、この世界と関わっていくからです。自分はそのまま世界でもあるのです。

したがって、世の中を知るというのは、まさに自分を知ることであり、自分を知ることは世界を知ることになります。自分自身を知ることが力になるのは、世界を生きていく力になるからで、世界そのものでもあるからです。自分を知ることで、私たちは運命に、そして人生に打ち勝つことができるのです。

そこまでムリしなくてもいい

カウンセリングで一番多く見かけるタイプは、図太くふるまうにも相当勇気を必要とする、いわゆる気の小さい人たちです。相談内容もほぼ似通っています。人間関係で、どうすれば相

手に喜んでもらえるかと悩み、相手の一挙手一投足に神経質になり、相手の評価ですぐに傷つき、自分はこんなに相手を気遣っているのに、相手はそうでもないとがっかりする。だから人が嫌いなのに、誰かがいないと生きていけない、という訴えです。内面の心理によって、少しずつタイプは違います。

一つめは、人間関係において期待値が大きすぎるタイプです。

他人と比べてばかりいて、すぐにいじけてしまう、とカウンセリングに訪れた人がいました。子どもの頃は自分より裕福な子と比べていたのが、大人になると、学歴の高い人やいい職業に就いている人、落ち着きのある人や一生懸命に生きている人まで、比較の対象が増えていきました。誰でも自分より立派な人を見れば羨ましく思うと同時に、多少自分を情けなく感じたりするものです。ただその度が過ぎて、日常生活を妨げるほどになると問題です。

その人は、自尊心の低さが原因だと思うと話してくれました。そこで自尊心とは何だと思うかと尋ねてみると、意外にも「特別何もしなくても愛されること」と答えたのです。それを聞いて私は「精神科のカウンセリングは、現実療法とも言えるけれど、現実的に、何もしなくても愛される存在になることは、ほぼないと言っていい。なぜ自尊心を愛されることと結びつけるのか」と言う以外ありませんでした。

このように一見、臆病に見える人の中には、無限大の愛や依存、認めてほしいという欲求を持った人たちがいます。彼らはそうした欲求を満たすために、他人の顔色をうかがい、慎重になります。自分を誰かと比べることはあっても、もし、そのことであまりにも気後れするのであれば、自分の欲求そのものを点検してみるといいでしょう。

内気で遠慮がちな人の二つめのタイプは劣等感が強いタイプです。

劣等感が強いと、周りの全員が自分より優れていると考えてしまいます。でも他人のほうが優れているかどうかは、どう判断するというのでしょう。普通はルックスや会話力など、外的な要素が判断基準になりやすく、そこばかりに注目しすぎると、相手を理想化してしまい、自己卑下の感情を味わいがちです。するとあらゆる面で臆病になってしまいます。

三つめは、いつもよくない想像をしてしまう、ネガティブなタイプです。

海外生活が長い友人と会う機会がありました。会っているあいだじゅう、友人の電話は鳴りっぱなしで、長々と英語で話していました。その間、私は自分の用事を片づけていました。ところが、友人に帰り際にこう言われ、私は驚くしかありませんでした。電話中ずっと、私に「えっ、海外生活が長いくせに、その程度の英語しか話せないの」と思われているようで気になって仕方なかったと言うのです。実際には、彼の話などまったく私の耳に入っていなかったにもかかわらず。

ネガティブに考えて臆病になるタイプの多くは、自分自身に求める当為性や期待値が高い人です。小さなミスでも恥ずかしさや気まずさを感じやすく、少しでも失礼があれば、嫌われるかもしれないと拒否不安に苛まれます。

あるとき、いつも戦々恐々としている人に、「人それぞれ自分の力で生活しています。なぜそこまで手助けしなければと考えるのですか」と訊いたことがありました。彼は外出すれば家族が気になり、家族といれば友だちが気になるという人でした。彼の答えは「自分が手を貸さなければ、みんな大変だと思うから」でした。ネガティブに考えがちな人ほど、自分が何かしてあげなければみんな大変な思いをする、という責任感に駆られ、さらに苦しむという悪循環を繰り返します。

カウンセリングをしていると、臆病なタイプも冷淡なタイプも自己中心的なタイプも、その深層心理はほぼ一緒だと感じます。あらゆる面で誰からもすごいと認められたい、という心理です。

臆病なタイプは、いい人だと思われたくて相手を満足させようとし、冷淡なタイプは、そのプロセスで傷つきたくないがために距離を置き、自己中心的なタイプは、傷つかないように大げさに自分を守ろうとするのです。ある意味、臆病なタイプが一番正直かもしれず、自分を守る壁が一番弱いのかもしれません。だからなおさら、簡単に傷つくのでしょう。

そんな人たちに、私は見方を変えてみることをお勧めします。今、目の前にいる相手も、自分がその人を恐れているのと同様に、こちらを恐れている場合もあることを知っておくのです。また相手が連絡してこないのは、人に話したくないような込み入った事情があるからかもしれない、ということも。断るのもまた、誰にとっても簡単ではありませんが、自分自身を守るため、責任を持てる範囲で協力すれば十分だと考えましょう。

人付き合いが怖くて臆病になっている人たちに、私は三つの質問を頭の中に思い浮かべてみるように言います。今、自分が心を砕いている相手は、自分がこの世を去るとき、そばにいる人なのか、そのとき会いたいと思う人なのか、そして自分が大変なときに助けを求められる相手なのかと。

カウンセリングでその質問をすると、ほとんどの人が、その三つにあてはまらないと首を振ります。わざわざそのような人に気に入られるために、そこまでムリをする必要はありません。

これまで嫌いだった自分と仲直りする

メロドラマの多くは「誤解」がもとになっています。例えばドラマの中で、二人は愛し合っていますが、女は大事にされていないと「誤解」し、男を憎みます。自分からアプローチして結婚した妻は、年下の夫が初恋の人を忘れられずにいると「誤解」して、離婚まで決意します。

現実では、誤解から生まれたさらに深刻な事態もよく見かけます。それでゲーテはこんなふ

うに言ったのでしょう。

「世の中のいざこざの因《もと》になるのは、奸策《かんさく》や悪意よりも、むしろ誤解や怠慢だ」

自分自身に対しても、私たちはじつにさまざまな誤解を抱いています。中でも一番問題になるのは、実際の自分よりずっと否定的なイメージを持っている場合です。

生まれつき才能があり、賢い人でもあるシヒョンさんの話です。彼女は心の優しい、美しい女性でした。ユーモアもあり誰とでも楽しく会話ができたので、初対面の人にも好かれました。ところが何度も会っているうちに、次第によそよそしくされてしまうのです。

そこにはそうなってしまうだけの理由がありました。第一印象とは違って、彼女にはネガティブで暗い面がたくさんあったのです。彼女は自分を才能も存在感もない、無力な人間だと思い込んでいました。あまりにもネガティブな自己イメージです。成長過程で、シヒョンさんは母親とうまくいかなかったのですが、それは夫婦仲の悪かった母親が、父娘が仲良くするのを許さなかったからでした。おまえのようにかわいくなくて行儀も悪い、何もできない子はいない、父親に似ていい子ぶってばかりいる、などと憎まれ口を叩かれて育ちました。父親はそんな彼女を気の毒がり、かわいがってくれましたが、経済力がないせいで家では出る幕がありませんでした。

そんな環境で育ったので、シヒョンさんが自分にネガティブなイメージを持ったまま大人になったのは、ある意味、当然のことでした。それでも生まれつきの気質と才能のおかげで、賢くて判断が素早い、優秀な女性に成長しました。それなのに自分を信じられないばかりか、自分に対して思い違いをしている点が問題でした。

彼女は、褒められるととても居心地が悪くなりました。同情だと思うこともよくありました。褒めた人ががっかりしてしまうくらい、頑《かたく》なに否定したり、異常なほどに恐縮したりするのです。相手は困惑して、その態度に首をかしげるしかなく、その疑問が膨らむと、好感度も下がるしかありませんでした。そんなことに気づくはずもない彼女は、人間関係が下手なせいで嫌われているのだと思っていました。次第にシヒョンさんは「そうだよね、私なんか」「どうせ私なんて……当然の結果だよね」と思うようになり、さらにネガティブな性格になっていきました。このままでは、世の中の人全員に嫌われていると思いはじめそうです。

ポール・オースターが言うように「いったん自分を悪く見はじめたら、他人からも悪く見られていると思わずにいるのは難しいもの」※2だからです。

生まれ持った才能ですら、シヒョンさんはそのまま土に埋めてしまう可能性が高いでしょう。これほど胸の痛い悲劇的な不利益はありません。そうならないために、まずは自分自身に対する誤解を解く必要があります。

映画『マイ・ビッグ・ファット・ウェディング』にはこんな台詞が出てきます。

「過去は人生を縛るものじゃない、未来の糧《かて》にするものだ」

多くの人が自分に抱いている誤解の一つが、過去に対するものです。過去にとらわれて今の自分を十分に生ききれていない人が、思いのほかたくさんいます。また、過去にしくじった些細な出来事をまるで人生の失敗のように思い込み、前に進めずにいる人も多いのです。誰かが言ったように、「どんな失敗であれ、それは自分の人生のために神が用意してくれた計画が、別の服を着てやってきたもの」かもしれません。失敗に染まった過去であっても、自分がどう決意するかによって、成功の糧にもなるのです。その場合、過去は間違いなく未来の財産です。

私の臨床経験から見ると、「自分はこういう人間だ。だからこう行動しなければならない」と自分を決めつけているケースは少なくないようです。でも、よくよく見ると、その枠は自分が勝手に決めつけただけで、実際にはその枠にあてはまらない性格の人も大勢います。それこそ自分を誤解しているというわけです。

そういう人たちは大抵、正反対の性質を同時に持っています。例えば、対人関係についての心理検査を行うと、統制支配的な面と自己中心的な面が最高点を示すと同時に、社会的抑制と冷淡という面でも同等の点数を示す人たちがいます。心の中では相手を支配して思いどおりにしたいと思っているのに、そんな自分の傾向に不安と罪悪感を抱くせいで、傍目にはむしろ「人付き合いなど必要ない」という態度に見えてしまうのです。自分の思いどおりにならないとわかっているから、傷つく前に、傷の根本を断ち切るとでも言うのでしょうか。

こうした問題で悩む人に必要なのが、自分に対する誤解を正す作業です。自分をきちんと理解すれば、葛藤や挫折が減り、さらにヒステリーも消えるので、人間関係も改善されます。

臨床では、自分に対する誤解を解く問題を、数学の公式と重ねて説明することがあります。数学が難しいのは間違いありません。でも公式をきちんと理解すれば、応用問題は自然と解けることが多いのです。そのように、自分が自分に対して抱いている誤解を解けば、人生の残りの問題は自然と解決していきます。

もちろんそうなるまでのプロセスは容易ではありません。それでも重要なのは、とりあえずやってみることです。ある女性作家が言うように、「始めることほど真に美しいものはない」のだから。どんなことでも、とりあえずスタートしなければ、ゴールにたどり着きません。

だから、何でもいいので新しく始めてみてください。

相手の目で見れば、見えること

どんな会合でも、自分以外の人に注目が集まるのが耐えられない人がいます。そのタイプの人が人生で使う戦略は、「自分の優越性を見せつけること」に尽きます。手段や方法を問わず、お金や名誉、地位や美貌、特権など、どれ一つ逃さず自分のものにしようと奮闘します。そうやって自分がどれだけ偉いかを人に見せつけ、認めてもらおうとするのです。彼らには、思いやりや共感といった単語が入り込む余地がありません。心は冷たい巨大なコンクリートの壁のようで、その壁のせいで相手からどんなに苦しいと訴えられても、まったく動じません。

もちろんそこまでではなくても、生まれつきの性質や成長過程で心のやりとりを学ぶことができず、共感力に欠けた人たちがいます。さいわいその程度であれば、どう対処し、どうトレーニングするかによって、いくらでも自らを改善できます。

人間関係で主にどんな感情を抱くのか、自分の短所と長所は何か、その中でもどの部分が凝り固まって、共感力が足りないのか、ということを時間をかけて分析しながら理解していきます。そうするうちに、あるとき、世の中を見る目が変わった自分を発見できるのです。それは、目の悪い人がメガネをかけると周りが違って見えようになるのと同じです。共感力という新たなメガネをかければ、自分との関係はもちろん、他者との関係、ひいては世界との関係が

新しく見えてきます。

アメリカの心理学者アーヴィン・D・ヤーロムは個人間のコミュニケーションと共感の問題を解決するには「相手の窓から見ること」が必要だと主張しました。ヤーロムはその事例として次のような話を聞かせます。

子どもの頃、父親とずっと仲が悪かった女性がいました。家父長的な父親がよくそうであるように、彼女の父親も家族に権威を振りかざすことが多かったのです。最も敏感な思春期の頃は特に衝突が絶えませんでした。それでも娘として、あたたかい父親像を求めていました。やがて大学に進学する年齢になり、つねに父親との和解を望んでいた彼女は、その機会に、大学の寄宿舎までの遠い道のりを車で送ってほしいと父親に頼んだのです。

彼女は道中、会話しながら和解できればと思っていました。ところが彼女が待ち望んでいた旅は失敗に終わりました。父は運転しながらずっと、道路わきの小川がゴミだらけでみすぼらしいと、不満ばかりこぼしたのです。一方、彼女にとっては、小川はきれいで美しい田園風景にしか見えませんでした。結局、互いに顔を背けたまま、旅を終えなくてはなりませんでした。

月日が流れ、父親がこの世を去ったあと、女性は再びその道を旅する機会に恵まれます。今度は彼女が運転をしました。すると驚くことがわかったのです。道の両側に小川があり、以前、父が運転しながら見ていたその川は、汚れて荒れ果てていたのです。そのとき彼女は、父の窓から見ていなかった自分にようやく気づき、後悔します。

この話は「相手の窓から見ること」が、共感においてどれだけ重要かをよく示しています。

ヤーロム自身にもおもしろいエピソードがあります。彼はあるクライアントの治療のために、彼とクライアントが互いに感じたことを書き留めておくことにしました。信頼を深めるとともに、治療にも何らかの進展があることを期待したのです。ところが数カ月後、記録を見た彼は、二人が共感どころか、同じ経験ですら、まったく違うように記憶していたことを知ります。

ヤーロムは、クライアントが自分の明晰な分析に意味を見出していると信じていましたが、クライアントは、服装や外見を褒められたことや、二人でロールプレイングをしながら、からかい合ったことなど、彼にとっては気づきもしないような些細な出来事に意味を置いていたのです。それをきっかけにヤーロムは、他者の感情をきちんと感じ取り、理解することは容易ではない、という事実に改めて気づきます。

ヤーロムは、共感という言葉があまりに手軽に使われるため、そのプロセスの複雑さを忘れてしまうと主張しました。自分の感情を相手の感情に投影するほうが楽なので、そう反応してしまうのだとも。重要なのは「相手の窓から見ること」なのに、自分の窓から見ることばかりに夢中になっているのです。

結局、共感とは、相手の窓から見ようと努力し、トレーニングする人だけが得られる感情です。そうした個人の日常が集まって、文明評論家のジェレミー・リフキンの言う、ホモ・エンパシクス（Homo Empathicus）、つまり共感する人類になっていくのではないでしょうか。

いつも思うのですが、私たちが人類のためにできるのは、結局「今いる場所で幸せに生きぬくこと」ではないでしょうか。まずは自分自身と通じ合い、それを広げて家族や隣人、同僚や親しい人とわかり合い、通じ合えるのであれば、それで十分ではないかと思います。ありきたりな言い方ですが、そんな一人ひとりが集まって組織や社会を作り、さらに人類というものになっていくからです。

結局、今、目の前にいる誰かと共感し合い、心が通じ合えば、満足を感じられます。私たちにはその能力が備わっています。脳科学が、私たちの脳に共感力を司る神経細胞、ミラーニューロン（物まね細胞とも言う。まるで鏡のように相手の行動を模倣し、複製するだけでなく、他人の意図を読み取る手段になることも）を発見したからです。このミラーニューロンがあるために、他人の怪我を見ても、まるで自分が怪我をしたかのように痛みを感じるのだと、脳科学者たちは言います。

「自分の中で育たないものは、何であれ持ち続けることはできない」という言葉もありますが、私たちの脳にはすでにミラーニューロンがあるのです。他者に共感し、心を通わせる能力を最初から持っているという意味です。

左脳は科学を、右脳は自然を表象すると唱える脳科学の研究者もいます。左脳は分析して考え表現する西洋の文化圏、右脳は多くのことを隠喩的に表現し思惟《しい》する東洋の文化圏と関係が深い、という意味にも解釈できます。

ソンチョル和尚の「山は山で水は水だ」という表現や、仏教における禅、自然を卦《け》で表し、その解釈を自ら求める易経※3などは、どれも右脳の産物です。漢文に象徴される表意文字が主に右脳で読めるのも一つの例です。私も医学博士の論文で、ハングルは主に右脳で読まれるという事実を立証しました。

個人的に、心理分析をするときは、文化圏の影響も検討する必要があると思っています。実際、臨床でそう実感することが多いのです。代表的なのは、海外で治療を受け、途中で帰国した留学生たちに会ったときです。彼らは主に、重いうつ病や精神疾患に使用する薬を処方されています。量もかなり多いのですが、それでも症状が好転せずに、仕方なく帰国する例が多くあります。

そこにはそれなりの理由があります。彼らが主に訴える問題は親との葛藤です。韓国の文化圏で、それは特に問題視されませんが、十代後半ともなればすでに親から自立しようとする文化圏にいる海外の医師からすれば、理解できないのです。そうすると精神的自立が未熟な状態だと診断され、ずっと同じような薬が処方されます。そのようなクライアントには、ノイローゼに使用する薬を処方し、親子関係に集中してカウンセリングを行うと改善します。

文化圏の影響を受けるのは心理分析だけではありません。生活のほぼすべてに関係があると考えるべきでしょう。その意味で、私たちが右脳の影響を受けやすい文化圏にいるとわかれば、大きなメリットがあります。もちろん左脳寄りの分析力と思考力、論理力も重要ですが、もう少しゆとりを持って周りと共に柔軟に生きていくために、右脳の役割にもっと注目すべきではないでしょうか。

もちろん、何か大層な方法論があるわけではありませんが、ときどき、自分自身に休息やリラックスする時間を取ってあげるだけでも十分です。右脳はユーモアとも深い関係があるので、笑う余裕を見つけながら、あたたかい理解力と共感力をもう少し育てていけたら、それ以上、望むことはないでしょう。

心に窓をつけてあげること

体におかしな兆候があれば、私たちはすぐに病院に行きます。それを変だとか恥ずかしく思うことはありません。ところが心の問題となると、そうはいかないのが現実です。心も体と同じように扱ってあげるべきだと、キャンペーンでも行いたい気分です。

例えば、私たちの体は、呼吸を少し止めただけでも、すぐに窒息の危険にさらされます。密

室に閉じ込められたと考えてみてください。そこから抜け出し、安全に呼吸するために何でもするはずです。「助けて！」と声の限り叫び、じたばたもがいても、誰もおかしいとは思いません。それどころか、誰もが駆け寄ってきて、必死に助けようとしてくれるでしょう。そして、助けてもらったほうも感謝の気持ちしかないはずです。

ところが心の問題になると話は違ってきます。特に韓国で暮らすほとんどの男性は、どんなに精神的にきつくて窒息死寸前であっても、誰かに助けを求めません。そう考えること自体、恥ずかしいと思うケースが多いのです。韓国の男性の自殺率が女性よりも高いのは、少しも不思議ではありません。

アメリカ同時多発テロ事件が起こったときのことです。アメリカ政府は生存者に対して心理療法を行う処置を取りました。生存者が一生、ＰＴＳＤ（心的外傷後ストレス障害）に苦しむことを憂慮したからです。ところが、韓国人の男性の中には心理療法を断ったケースがあったそうです。相手が医者でも、自分の感情を他人に見せること自体、まったく馴染みがなかったからでしょう。周りの人がどんなに説得しても無駄だったと言います。

しかし、あれほどの致命的なトラウマは、どんな形であっても必ず表面に出てきます。そのせいでしょうか。心理療法を拒否した人の中には、世界貿易センターのあった場所で葬儀が行われる様子をテレビで見て、突然、号泣したそうです。心理カウンセリング自体も受け入れられずに、ぐっと押し殺していた感情が、まるでダムが決壊するように一気にあふれてしまったのです。さいわいなことに、そんな形によってでも感情を吐き出せたのであれば、その人は治療を受けなくても、ある程度その状況に耐えられたのではないでしょうか。

妻に連れられて私のもとを訪ねてきた中年の男性がいました。彼は男がそんなことで泣いてはいけないと、子どもの頃から感情を押し殺すよう言われながら成長しました。最近、会社から解雇され、挫折感から暴飲するようになり、家族とも距離を置くようになったそうです。妻は、会社側の不当な扱いはよくわかっている、あなたのせいではないから自分を責めないでと慰めました。しばらく休んでいいとも伝えました。ところが、どんな言葉も彼の耳には入りませんでした。何も悪いことはしていないのに、社会から無理やり追い払われたと、強い怒りを覚えていたからです。

その怒りと挫折感を和《やわ》らげるのは、アルコールだけでした。普段から飲むほうでしたが、今回は酒量が違いました。記憶をなくすまで深酒する日が多くなり、いつしか友人も同席を避けるようになりました。彼はお酒を買ってきて家で一人で飲むようになり、アルコールで問題を起こすと、とうとう家族もどう接していいかわからなくなったのです。

比較的、頭がしっかりしているときは、家族を無視することにより傷つけました。妻はもちろん子どもたちとも目を合わせようとしませんでした。自分の無様な姿を家族に見せたくなかったからで、家長の役目を果たせない自分は、家に必要のない存在だと思ったからです。真っ暗な闇の中に一人取り残されたように感じ、ひどく憂鬱になりました。

結局、妻に離婚を切り出され、彼はようやく目を覚まします。とはいえ、カウンセリングには依然として強い拒否感がありました。これまで誰かに自分の気持ちを吐き出したことなどなかったからです。感情的な面をどうしても見せなくてはなりませんが、妻の切実な頼みを断りきれず、渋々カウンセリングをスタートしました。

私は彼に、感情の力について説明しました。感情というのは一言で言うと、心の感覚です。生きているあいだずっと、意識しなくても、目は外にあるものを見せ（視覚）、耳は音を聞かせ（聴覚）、鼻はにおいを嗅《か》がせ（嗅覚）、口は味を感じさせ（味覚）、体は自分が触れたものが何かを知らせてくれます（触覚）。私たちはその感覚細胞に対し、なぜ見せるのか、なぜにおいを嗅がせるのか、いちいち問い詰めたりしません。逆に感謝します。生きているという証拠だからです。

痛みをはじめとする体の感覚は、体に異常がある場合、ただちに原因を探って解決しろというシグナルの役割を果たします。心の感覚である感情の果たす役割も同じです。自分の感情に気づかず、送ってくるシグナルに適切に対処できないとき、私たちは心を病むしかありません。また、つらいという自分の心に気づかなければ、他人のつらさはわかりません。心のつらさを抑えつけている人は、他人の心のつらさも抑えつけてしまいます。共感力に欠けるのも無理はありません。心情的にとても苦しんでいる人に、慰めどころか「それっぽっちのことで何をそんなにつらそうにして」と叱りつけながら、それが当然だと思っています。

カウンセリングが進む中、男性は初めて自分の心が致命的な窒息状態に追い込まれているという事実に気づきました。解雇されたつらさで、心にはただ悔しさと怒りだけが積み重なっていたのです。その状況があと少しでも続けば、彼はその悔しさと怒りで押しつぶされてしまったに違いありません。その状況から抜け出すためには、一刻も早く、その感情をきれいさっぱり振り払う必要がありました。

精神科ではその作業を「心の換気」と言います。掃除をするとき、窓を開けて換気するように、心にいらない老廃物が溜まっているときは、心の窓を開けてそれを外に追い払って新しい空気で満たす必要があるのです。

自分を苦しめるのが強い感情であればあるほど、私たちはそれを抑え込もうとします。でも感情は火種と同じで、そう簡単にはおとなしくなりません。昔の人たちは火種を絶やさないために灰に埋める方法を選びました。灰の中に埋めた炭火は、一見、消えたように見えますが、空気を送ってうまく火を起こせば、すぐにめらめらと燃え上がる炎になります。一度に多く起こしすぎると、火が広がって火事になることさえあります。そのため、火種一つが小さな家を燃やすとも言うのです。

つらい感情であるほど、私たちは無意識の奥深くへと埋めてしまいます。そしてそんな感情など抱いていないと思うのです。それは生きていくうえで必要な、一種の防衛機制かもしれません。自分の感情をありのまま感じていたら、誰もまともに生きていけないからです。それでも、あまりに抑えつけすぎるのは問題です。抑えつけられたものは、どんな形であれ姿を現します。むしろ抑え込む力が大きいほど、それ以上の爆発力で噴出します。

どんなに激しい感情であっても、ある程度、自分の感情をそのまま認め、受け入れることが必要です。その次は、ろ過するプロセスを経なくてはなりません。つまり、信頼できる相手に自分の感情を吐き出したり、日記のようにノートに書き出したりして、感情がろ過される時間を設けるのです。それをせずに抑えつけておくだけでは、火種を灰の中に埋めるのと同じです。一種の心理的な休火山というわけですが、それでは困るのです。

実際に慢性的に感情を抑圧し続けると、心と体のネットワークに大きな問題が生じることが、すでに科学的にも明らかにされています。自分の基本的な感情欲求に気づかない人たちの特徴である「強い自制力」が、がん治療などで支障を来《きた》すという報告もあります。回復のスピードがそのぶん遅くなるのです。最大の治癒力は、長い間、抑圧されていた怒りを吐き出し、免疫系にエンジンをかけることで生まれたりもします。

したがって、感情が膿《う》んだり、こびりついたり、手のほどこしようのないほど大きくなる前に、適切に表現して手放すことが必要です。それが人間関係や仕事で、正しい方向を見つけていく方法です。

幸せが強迫にならないように

子どものときに読んだ物語に『影をなくした男』(シャミッソー著)というのがありました。今もときどきその話を思い出します。正確ではありませんが、大体こんなあらすじです。

主人公(まだ影がある)は、旅の途中で魔法使いのような人物に出会います。ポケットから何でも欲しいものを取り出せるその人物は、じつは悪魔でした。それを知らない主人公は不思議な姿に惑わされます。悪魔は彼に莫大な富を与えるかわりに影を売ってくれと持ちかけます。影などなくても平気だと考えた主人公は、提案を受け入れ、まもなく大金持ちになります。嬉々《きき》として暮らしていた彼は、いつしか妙な気配を感じはじめます。彼に影がないことに気づいた周りの人たちから好奇の目を向けられるのです。裏でこそこそ言われて、つまはじきにされた男は、影を売ったことをひどく後悔します。

再び悪魔に会った男は、影を返してほしいと頼みます。すると悪魔は彼に影を返すかわりに、今度は魂を売れと要求します。影とお金を換えた自分の愚かさにすでに気づいていた主人公は、その提案をきっぱり断ります。彼は以前の貧しい境遇に戻りますが、かえってすがすがしい気分でした。そして偶然、一歩で七マイルも行ける長靴を手に入れます。おかげで誰にも負けないフットワークの速さを手にした主人公は、未踏の地を回りながら自然探究に大きな喜

びを見出します。影はなくても魂までは売らなかったので（もしかすると影のない人生がもたらした不幸が身に染みたために）、彼はすべてを振り払うことができ、とうとう自由を手に入れるのです。

影をなくした男の「影」は、私たちの感情と似ているところがあります。人生は誰にとっても問題の連続です。あらゆる感情の渦に巻き込まれ、「今日は笑って、明日は泣きながら」生きていきます。ある意味、感情は影よりもしつこく私たちと一緒にいます。影は光のある昼にしか見えませんが、感情は二十四時間、自分とともに存在します。眠っているときでさえ夢を通して一緒にいるからです。結果的に、人生はこの感情をどう扱うかにかかっていると言っても過言ではないのです。

影をなくした男が誘惑に負けたのは十分理解できます。害にならない影ですら売ってしまったのですから、つねに一緒にいながら時に自分を苦しめる存在なら、売ってしまいたくもなるものです。

人生で喜びや楽しさを感じられる時間は、そう長くはありません。果物が最も美味《おい》しく熟すのも短い盛りの時期だけです。ほとんどの時間は、熟していくのを待ち続けなくてはなりません。熟しすぎて捨てられることもあります。そんなふうに、人生に喜びと楽しさが訪れる時間はとても短いのです。

一番幸せだった幼年期ですら、近頃は幸せではないほうが多いかもしれません。英語の勉強だの何だのと、幼い頃からすでに感情的に悩まされます。誰かが「三歳のとき幸せでなかったから、八十歳になっても幸せではない」と話すのを聞いたことがありますが、時折その言葉を思い浮かべては、「本当にそうだな」とつぶやくことがあります。

多くの人が「幸せにならなくては、成功しなくては」という強迫観念を持っています。そうしなければ生きていくのが難しいのも、私たちの現実です。まさにそのために、感情的に私たちはしょっちゅう不幸なのです。いくら強迫観念から幸せを願っても、幸せが与えてくれる時間は大抵一瞬に過ぎないからです。ほとんどの時間、愚かさや後悔、それによる悩みや悲しみ、挫折と喪失のつらさなどに苦しみながら生きています。極めて心の強い大胆な人もたまにいますが、そんな人にも、心の奥底に自分だけのつらい感情を集めておく部屋があるのです。

幸せや成功を望んでも、自分の力ではどうにもならないことが多いのが人生です。ある意味、努力するプロセスを楽しむしかないのかもしれません。そう考えて、心を空っぽにして現実を受け入れるなら、感情的な不幸もそれだけ減るのではないでしょうか。心を空にするというのは、必ず願いをかなえなければならないと、自分に命令するのをやめることです。心を空っぽにしたときに初めて、さらに満たされるときがやってくるのも、人生の「ポジティブな矛盾」ではないかと思います。影をなくした男が、魂を売るのを断って初めて、再び自由を得たように。

気分も管理が必要

もう何年もカウンセリングに通うミンジェさんは、周りへの不平不満をこぼし続けていました。家庭に無関心どころか不倫をして母を苦しめる父、その父への怒りでうつ病になり、世話もしてくれない母、そんな両親に対して、一度もまともに反抗せずに生きてきた自分自身。なんとか社会に出たものの、何かと苦しめてくる人たち、こちらのつらさも考えず、きつい仕事ばかりふってくる上司や同僚など。話に登場する全員が、彼を苦しめる存在でしかありませんでした。

彼は、この世には二種類の人しかいないと信じていました。被害を受けている自分と、自分を苦しめる世の中の人たち。ところが、あるときから少しずつ変化が見えはじめました。それまでは、問題にまっすぐ向き合ってほしいと核心に切り込む私に対しても「僕の苦しみがわかるわけない」と反論していた彼が、ようやくどういう意味なのか、わかりかけてきたと言うのです。

あるとき、彼が「気分も管理しなければならないんだと初めてわかりました。嫌な気分のままでいるのではなく、なぜ気分が悪いのか、本当に気分を害さなければならない状況なのか、考えるようになったんです」と話してくれました。その結果、被害者意識にとらわれすぎてい

た自分に気づきます。カウンセリング初期に比べると、目を見張るような成長ぶりです。気分をよくした私は、彼を褒めちぎりました。

実際、ブツブツと不満や愚痴ばかりこぼして、毎日つらそうにしている人たちがいます。不幸だという理由をいくらでも挙げられる人たちです。話を聞いていると、まるで人生の不幸やみじめさを楽しんでいるのではと思うほどです。彼らは、ごくつまらないことで落胆し、怒ることをやめません。そして、そのすべての原因が自分にあるとは考えず、落ち度や責任をつねに誰かに転嫁します。異常なほどに「投影（projection）」の防衛機制を発動させるのです。

私たちのメンタルには、それなりに自分を守るしくみが備わっています。心の防衛機制です。それは、さまざまな精神的葛藤を乗り越えさせてくれる、心理的な策略と言えます。

もう少しわかりやすく説明するとこうなります。「投影」とは、自分が無意識に抱えている、攻撃的計画や衝動を他者のせいにしてしまうケースです。主にオセロ症候群（嫉妬妄想）の人たちは、自分の欲求を配偶者に投影します。自分が浮気をしたいという欲求で苦しいために、それを隠そうと自分の心理を相手に投影し「浮気してるね」と疑うのです。

「置き換え（displacement）」の防衛機制もあります。ある対象に向かっていた感情が、別の対象にそのまま向かうのです。簡単な例では、ある男性が、会社で妻と同じ出身地の上司から叱られて帰宅します。すると、妻を見るなり急に怒りが込み上げます。彼はすぐさま置き換えをして妻を怒鳴りつけます。「おい、君の出身地の人たちは、なぜみんなあんなふうなんだ？」

と。

そうかと思えば、問題が起こったとき、子どものように「退行（regression）」する人もいます。ひどい挫折を味わったとき、それまでに発達した一部を失い、今よりずっと幼稚な、過去のレベルに後退するのです。入院患者が子どものようになって治療スタッフや家族に依存するケースがこれにあたります。

「同一視（identification、同一化）」は、親や周りの人たちに、行動や態度が似ていくことを言います。反対に、嫌いな人に、絶対に似ないと思いながら似ていくことを「敵対的同一視（hostile identification）」と言います。「病的同一視（pathological identification）」もあります。国会議員の秘書（それも序列が一番下）が、ほかの人の前で、まるで議員本人であるかのように威張り散らすケースなどです。

防衛機制は心の健康状態を知るバロメーターにもなります。どの防衛機制を使うかによって、心理的な柔軟性はもちろん、人生の成熟度がわかるからです。例えば、問題が起こるたびに、先ほどの例のように、病的な「投影」を使うとしたら、その人は精神的に成熟しているとはとても言えません。ほかにも、「退行」や「敵対的同一視」「病的同一視」などの防衛機制を使う人は、精神的に柔軟で成熟しているとは言えないでしょう。

ある状況で、どんな防衛機制を使うかを決めるのは、大抵私たちの無意識です。それでも性格的な特徴を見れば、どんな防衛機制を使っているのかは大体わかります。逆に、どの防衛機制が目立つかで、その人の性格もなんとなくわかるものです。不平や愚痴ばかり言っている人を思い浮かべると、どういう性格なのか目の前に思い描けるように。

防衛機制は一度に一つだけ働くわけではありません。状況によって、いくつもの防衛機制が一緒に使われます。防衛機制にポジティブな役目があるとすれば、受け止めきれない不安や衝動から自分を守ってくれることでしょう。その一方で、本来の自分からは遠ざけているのです。

ではどうすれば、こうしたネガティブな防衛機制を振り払い、心をうまく整えられるのでしょうか。その答えはユングから探し出せます。ユングは「等価原理（principle of equivalence）」と「エントロピーの法則（principle of entropy）」を唱えました。

等価原理は、ある精神的要素に委ねられたエネルギーの量が減るか消えるかすると、同量のエネルギーがほかの精神的要素に現れるというものです。例えば、子どもが成長するにつれ、最初はピストルに興味を持っていたのが、その後、マンガや車に興味を持つことを言います。あるものへの興味の喪失は、つねにほかの何かに対する興味の発生を意味します。したがって、自分が今、ネガティブな考えに精神的なエネルギーを注いでいると感じたら、楽しさや喜びを感じられるほかのことにエネルギーを転換する必要があります。先ほどのミンジェさんが言っていたように、気分を管理するのです。

気分を水とすると、気分を調整する思考は土にたとえられます。気分はその都度、水と同じで変化しますが、思考は土のようにうまく形作れば、しっかりと水を守ってくれるからです。思考を最近、精神医学で多く行われる認知治療は、まさにそういった考え方からきています。思考を変えて感情を整えるのが、この治療の基本原理です。

では、どうやって思考を変えるのでしょうか。感情はその場で自動的に引き起こされる反応です。したがって感情に浸りすぎてしまうと、コントロールが難しくなります。ところが思考は、感情や感覚が脳にその情報を持ち込んだあとに生じるため、もう少し二次的で、自分で選べるのです。自分の思考がネガティブな感情を呼び起こすものなのか、それともポジティブな感情をもたらすものなのかをまずは知って、もしネガティブな思考であればポジティブな思考に変えていくのです。

また、エネルギーが高いほうから低いほうへと流れるように、精神的なエネルギーも放っておくとエントロピー（無秩序な状態の度合い）が高いほうに向かう、というのが「エントロピーの法則」です。普段からエネルギーが自己実現や魂を整える方向に流れていくよう努力すれば、ネガティブな思考へ流れがちなエネルギーを食い止めることができます。

「心に決めたとおりになる」という言葉を改めて立証したのが、このエネルギーの法則です。だから気分もときどき管理してあげる必要があるのです。

世の中のどんなことにも、当たり前はない

冬の風が冷たく襟元に入り込んでくるせいでしょうか。十二月になるとひときわ心が落ち着かなくなる人はたくさんいます。特に中年の盛りを過ぎれば、残された今年の時間を数えるのに心穏やかとはいきません。年を取ることを不安に感じないミドルエイジはいないので、なおさらそうでしょう。人生でやるべきことをまだ半分もやり終えていない気がするのに、とっくに折り返し地点を過ぎていると時間は一方的に通告してくるのだから、焦らないはずがありません。それゆえ、ゲーテもこんなふうに言ったのかもしれません。

「欲を捨てるには若すぎ、楽しむには年を取りすぎた」

これほど絶妙な嘆きもありません。だからゲーテがこう言ってから長い歳月が経っても未だに多くの人に知られているのでしょう。私の臨床経験では、社会的に何か成し遂げようと力を注いできた人ほど、年を取ることをうまく受け止め切れないように感じます。

三十代で会社を興《おこ》し、中堅企業に育て上げたソンフンさんの例です。彼は二十年以上、ひた

すら仕事に打ち込んできました。目標はただ一つ、専門分野で成功することでした。彼は今、望んでいた成功を手に入れました。この間、浮き沈みがなかったわけではありません。経営困難で破産寸前までいったときは、不眠不休で会社をなんとか立ち直らせようとしました。さいわいチャンスが訪れ、再起を果たし、再び仕事に没頭する日々を過ごします。

そんなある日のこと。一番の親友が突然、心臓麻痺《まひ》でこの世を去ってしまいました。彼は生まれて初めて強いショックを受けます。資金不足で会社を手放しかけたときも、そこまで虚しい気持ちにはなりませんでした。そのことがあってから、彼は無気力状態に陥ります。会社の仕事も手につかなくなり、家で過ごす時間が増えたとき、彼は初めて妻も年を取ったことに気づきます。その一方で、やるせない気持ちにもなりました。妻がそんな姿になるまで、ただの一度も優しく気遣ってあげなかったと、今更ながら悔やまれたのです。

問題は、一度、無気力と虚無感に襲われると、それを振り切って立ち上がることが難しいところにあります。うつ病の症状も現れましたが、つねに「ポジティブ！　ポジティブ！」と叫んでいた彼は、悲観的な人がうつ病になるのだと思い込んでいました。そのため自分がその状況に置かれるとうろたえてしまい、ショックを受けます。彼はほどなくしてクリニックを訪れました。

年を取るにつれ、ソンフンさんと似たような危機に見舞われる人は、思いのほか多いものです。アメリカの小説家カート・ヴォネガットは、人間が人間として存在するためには、「なぜよりによって自分なのか」「なぜよりによってその何かなのか」と問うことができなくてはならない、という意味の話をしています。実際、人間はその二つの問いの答えを見つける長い旅路で、自分の存在の根源を知り、一方で、科学を目覚ましく発展させてきました。

仮に、「なぜ自分なのか」という問いがなければ、フロイトは存在したでしょうか。おそらく存在しなかったでしょう。その問いがあったからこそ、フロイトは人間の内面を根気強く探検し、無意識の世界を突き止めたのです。

ダーウィンもまた「なぜその何かなのか」という問いがなかったら、はるか遠くガラパゴスまで航海などしなかったでしょう。この二人のおかげで、私たちは以前の世界とはまったく違う方法で、人間の心と自然の摂理を理解するようになりました。問いが人類を発展させたのです。

しかし、私たちはヴォネガットやフロイトではありません。彼らのように、自分の内面に向かって「なぜ?」と質問することに慣れていないという意味で。それなのに、内面にわずかの隙が生じ、「自分は何者なのか」「生と死に何の意味があるのか」という質問を思いがけず突きつけられると、ぎょっとして激しい衝撃を受けるのです。ソンフンさんの話がいい例です。それが嫌で、薬物やアルコール、ギャンブルや不倫にはまってしまう人がいるのです。少なくともそれらに依存しているあいだは、人生が私たちに投げかける根源的な問いから目を逸らすことができるからです。

必死に人生を生きる人たちは、むしろそんな問いによって成長していきます。イギリスの作家マーク・ハーモンはこんなふうに言っています。

「この世のどんなことも、当たり前に受け止めず、つねに自問する姿勢、それが消えたとき、人は老いはじめる」

実際に好奇心や情熱を失わずに賢く年を取るには、人生の新たな第二幕のプラン設計が必要です。それをせずに仕事や成功ばかりに目を向け続け、突然、メンタルクライシスに襲われたら、簡単には立ち上がれないからです。

年を取るプロセスにも、イノベーション（革新）が必要だと言われます。また、デザインが必要だとも言われます。そのとおりです。人生の新たな第二幕の設計に、イノベーションとデザインは欠かせません。では、まだやってきていない未来の準備に求められるイノベーションとは何でしょうか。

何よりも、年齢という固定観念に自分を閉じ込めないことが大切です。意欲さえ持ち続ければ、何をするにも年齢は関係ないと考えるのです。さらに一歩踏み込んで、ユングは、心の中の子ども《インナーチャイルド》に場所を譲ってあげるよう、アドバイスしています。

「すべての大人の人生には、永遠の子どもが隠れている。成長はつねに現在進行形で、決して完成せず、限りなく世話を焼き、関心を示し、教えてほしいと望んでいる子どもがいる」

この子どもに場所を明け渡すとき、初めて年を取ることへのプレッシャーから解放されるというのがユングの考えです。さらに、子どもの特徴である想像力や好奇心、遊び心と創造性を発揮できるよう自らを促せば、ずっと豊かな時期を過ごせるとしています。

私もやはり、少なくとも中年以降の人生では、自分自身のインナーチャイルドに優しくしてあげてほしいと思います。そうすれば、年を取ることの虚しさや孤独から解放されるだけでなく、さらに溌剌《はつらつ》とした人生を送れるのではないでしょうか。

過ぎ去った青春がどんなに華やかだったとしても、それはすでに過去の時間です。これから訪れる老年期もやはり、まだ来ていない時間。今の自分とは関係ありません。今この瞬間こそが、自分に与えられた最高の瞬間です。どうすればさらに豊かで多彩な時間を過ごせるか。子どものように夢中になれたら、今こそがまさに最高の全盛期なのです。

人生は言葉どおりになっていく

一年のうちで最も好きなのが一月です。不安とときめきの新しい日々が目の前にぱっと広がっているからです。きりっとした厳しい寒さの中で一月を迎えるのもありがたいことです。もし地球の裏側の国のように、新年が真夏だったらどうでしょう。考えるだけでも頭の中がぼんやりとしてきます。寒いけれど澄んでいて、気持ちが引き締まる冬に、一年のスタートが切れることを感謝せずにいられません。

過ぎ去った日々はすでに目の前にはありません。その中に栄光や失敗があろうと、もう過ぎたことです。どうあがいても決して状況は変わりません。けれども、自分の前に広がる新しい日々、新しい三百六十五日は違います。まだ何も入っていない、空っぽの時空間です。その中から何を見つけ出せるかはわかりません。それでも、できることなら、ダイヤモンドの鉱山を見つけてほしいと思っています。あの有名な話によれば、ダイヤモンドは自宅の裏庭に埋まっているというではありませんか。ただそれを探し出す人もいれば、永遠に探し出せない人もいるだけです。私はそれを見つけ出せる人になりたいのです。

啓蒙文学の古典になったラッセル・コンウェルのいわゆる「ダイヤモンドの話」は、今日《こんにち》でも、いくつものバージョンで読み継がれています。そのうち原典に最も近いものはこんな話で

す。

ペルシアのある村に、とにかく金持ちになりたいと願う農夫がいました。人は一度考えはじめると、そのことが頭から離れなくなりますが、農夫の場合、それは自分の農場が気に入らないということでした。どんなにがんばっても大した儲けが出なかったからです。

そう思いはじめると、ますます自分の土地が気に入らなくなり、とうとう農場を安く売り払ってしまいます。そして、家族を引き連れ、金持ちになれそうな新しい土地を探しに出ます。ところがそれは簡単に見つからず、さまようちに、家族は一人二人と命を失い、結局、彼一人が残されました。絶望に陥った農夫は乞食《こじき》になり、さすらった末に、この世を去ってしまいます。

一方、彼から農場を買い入れたもう一人の農夫は、その土地を自分の命のように大切にしました。農場の一握りの土、一筋の風まで愛していました。もちろん家族と共に必死で土地を開墾しました。その結果が振るわなくても彼は満足でした。一生懸命汗を流して働いていれば、いつか必ずいい結果が実るはずだと希望を失いませんでした。そしてとうとう奇跡が起こります。土地を耕し続けていた彼は、農場主が手放した裏の土地まで開墾することにしました。やせた土地でしたが、あきらめずに耕し続けます。そんなある日、ダイヤモンドの鉱山を見つけるのです。

「あきらめずにもう一メートルだけ掘ろう」。この物語の別バージョンに出てくる言葉です。

農夫はダイヤモンドが埋まっているという話を聞きつけ、自分の家の裏庭を掘っていきます。ところが、どんなに掘っても石ころしか出てこないので、あきらめて土地を売ってしまいます。その土地を買い取った人が、あと一メートル掘ったところでダイヤモンドは姿を現したという話です。

何かをやるとき、私たちが一番あきらめがちなのは、どの時点でしょうか？　大体が、あとほんの少しやれば、目標物が見えてくるかもしれないという、まさにその時点です。なぜなら、そこまで到達するのに、すでに疲れ果てていて、まだかもしれない、そもそも最初からないのかもしれない、という考えが頭に浮かぶからです。そのため、多くの人が目標とするものを目前にして、あきらめてしまうのです。

実際、さまざまなことで成功した人は、それが素朴なものでも、華やかなものでも、最後の一メートルを掘ることをあきらめなかった人たちです。できれば、私もそういう人になりたいものです。大変な努力が必要なので、あまり大きな声では言えませんが。

そこで考えてみました。今の時点でできる、これはというものを一つだけ選ぶとしたら、何だろうかと。私の答えは、よい言葉を使う習慣です。よい言葉、希望がある言葉、感謝の言葉をたくさん使うよう、トレーニングするのが私の今年の目標です。

『オプティミストはなぜ成功するか[※4]』の著者マーティン・セリグマンは「成功するには忍耐力が、つまり失敗してもあきらめない能力が必要だ。楽観的な言葉の習慣こそが忍耐力のカギだと思う」と述べています。私もその言葉に同意します。言葉にするとおりに人生が作られていくのなら、悪い言葉をできるだけ使わない習慣を身につけるべきでしょう。

セリグマンは、言葉の習慣の重要性を示す例として、次のような話をしています。アメリカのある大学で、成功者の人生を研究するため、ある人たちについて十代の頃から追跡調査を行ったのですが、興味深い結果の一つが、彼らの言葉の習慣だったと言います。

例えば、十代のときからの日記帳を比べると、いい出来事についての言葉は、比較的変化があるのに、悪い出来事についての言葉の習慣は、五十年間、変わらないケースがほとんどだったとか。実際に、十代のとき自分が「魅力がなくて」男の子に興味を示してもらえないと書いた女性は、五十年後にも自分が「魅力がなくて」孫たちが遊びに来てくれないと書いていたというのです。とても悲しいことですが、生涯、言葉にしてきたとおりの人生を送ったというわけです。

そうした悲劇に陥らないために、つまり、よい言葉の習慣を持つためには、どうすればいいのでしょうか。

方法は一つです。自分を信じて愛してあげるのです。あらゆるタイプの自己啓発書があふれる時代、この言葉がどれだけ陳腐に聞こえるか、私もよくわかっています。あるとき講演に向かう途中で、これと似たおもしろい出来事がありました。私の話を聴きに来た若者たちとエレベーターで一緒になったときのことです。

「今日の講演の内容って何？」と、二十代と思われる女性が友人に尋ねました。その講演を行う張本人が一緒にいるとはまったく気づいていませんでした。その質問に別の女性が答えました。「わからないけれど、たぶん自分を愛しなさいとか、その手の話じゃない？　自己啓発の講演なんてそんなもんでしょ」。そう言って二人はフフッと軽く吹き出しました。私も心の中で苦笑いせずにいられませんでした。さいわいなことに、その日の私の講演内容は、自分を愛そうとかいう「その手の」話ではありませんでしたが。

あえてそんな話をしたのは、自分を信じて愛するほど大切なことはないのに、どういうわけか、その言葉自体、ひどく陳腐なありきたりの言葉になってしまったと思うからです。でも、陳腐でありきたりというのは、それだけ普遍的で、どうしても必要かつ大事なことという意味でもあるのです。だからおそらく多くの人が、そのことについて書いたり、講演のテーマにしたりするのでしょう。

自分を信じ、愛することが大切なのは、そうでないと他者の言葉や判断、人目にひどく振り回されてしまうからです。

はるか昔の賢者、エラスムス（一四六六頃〜一五三六、オランダの人文学者）も次のように嘆いています。

「自分を憎んでいる人間は他人を愛せるものでしょうかしら？　自分といがみ合っている人間

がだれかほかの人と折れ合えるものでしょうか？　自分の荷厄介《にやっかい》になっている人間がだれかほかの人を喜ばせられるものでしょうか？（中略）自然の女神《めがみ》は、少なからざる場合、実の母親というよりも継母なのでして、人間の心に、その人々が少しでも聡明《そうめい》な場合には、自己にたいする不満や他人にたいする讃嘆の念を蒔《ま》いておきますね。これが生活を暗くし、そのために人生のあらゆる長所も美点も魅力も失われてしまいます[※5]」

エラスムスは、自分を信じることができず、愛することができない人が陥りやすい罠をうまく言い表しています。

韓国には「他人の餅は大きく見える」（隣の芝生は青く見える）ということわざがあります。単純に他人の餅が大きく見えるだけなら、それでも構わないでしょう。問題は、自分が持っているものがすべてつまらなく見えるときに起こります。そうなると、エラスムスの言うように、人生が憂鬱になり、人生すべてにおいて、長所も美点も魅力も消えてしまうのです。当然、自分の口からは無意識に、暗い言葉、ネガティブな言葉、悪い言葉ばかり出てきます。今度は、またその言葉によって、自分の人生が本当につまらないものになるという悪循環につながります。

そのループから抜け出す道が、自分の中のダイヤモンドを探す道だと、私たちはよくわかっています。だから、よい態度で過ごし、よい言葉を口にするよう自分をトレーニングしたくなるのです。そのすてきな習慣を続けようと、自分に誓うことも忘れずに。

うまくいかなくても、落ち込まず、ゆったり構えて

脳は私たちが思っているよりずっと利口です。一度、脳に刻まれたつらい記憶は、解決しなければまた必ず姿を現します。忘れたいと思えば思うほど、無意識の世界に深く潜み、ある瞬間、氷山の一角のように、いきなり噴き出てくるのです。

私たちの人生も同じです。つらいことほど、正面突破する以外、答えがない場合がたくさんあります。人間関係も人生も自然の一部です。自然には直線で続くものが多くないように、人生も直線で続く道はそう多くありません。易経の中の好きな言葉ですが、それこそ「平坦なだけの、傾斜がない土地などない」のです。詩人チョ・ビョンファの詩に出てくる「自分の天敵はまさしく自分」という句にも深く共感します。私もよくそう実感するからです。それなのに、自分の人生はまっすぐに伸びた直線でなければならないと思うから、たくさんの葛藤が生まれるのです。

私の場合、「自分の天敵は自分の気質」と言うほうが合っているかもしれません。不安になりやすく、些細なことでもぱっと決められず、しょっちゅう気分が落ち込み、そのくせ一度、

勢いがつくと、超スピードで仕事を片づけ、反対に一度中断したことはなかなか覚えられない。そんな自分の気質がいつも悩みなのです。けれど、そんな面が合わさって私の人生を幅広くしているのもまた事実です。それなのに、私たち人間は自分のほころびを認めるのをとても嫌がります。特に他人と比べるとき、自分にないものが目につきます。

例えば、ある人はルックスもよく、優れた能力があり、事業にも手腕を振るい、日々成長しながら成功に向かって駆けています。それなのに、自分はなぜこんなに無様なのかと何度も思うとしたら、その瞬間に、不公平な人生の前で挫折感を覚えない人はまずいません。恨みを募らせていく人はたくさんいます。いい家、いい親のもとに生まれてこなかった恨み、人目を惹くルックスや明晰な頭脳を授からなかった恨み、他人にわかってもらえない恨みなど。恨みというのは一度抱きはじめるときりがないものです。恨みの多くは劣等感を生む原因になります。そこからさらに発展して日常生活に支障が出るほどになると、神経症になってしまいます。

何の問題もない人生など、じつはありません。運がよさそうに見える人も、そうでない人も同じです。誰も一〇〇パーセント望みどおりの人生を生きることはできません。どんな人生にも足りない部分はあります。ところが、どうしてもそれを受け入れられない人たちがいます。

自分に足りない部分を埋めていくため、まずその足りない部分を受け入れる姿勢が必要です。直線だけの人生などあり得ないと認めるのです。次に必要なのは、足りない部分を埋めようとする努力です。私はそれを「心も食べることが必要」と表現するのが好きです。私たちの体が食物を摂取し、分解してエネルギーを生み出すように、心も、入ってくるものがなくては、それを代謝し、エネルギーを生み出すことができません。

では、私たちの心は何を食べたらいいのでしょうか。答えはなんとなく想像がつくでしょう。もしかしたら「えっ、陳腐で当たり前すぎる」と思うかもしれません。「ポジティブな感情を食べる」という答えは、そう思われても仕方ないかもしれません。けれども、人生についての多くの答えは、希望や夢、愛、楽しさ、喜びのように、大体陳腐なものです。大切なのは、そのポジティブな感情こそが、私たちの精神の糧であり食事になるということです。それを食べたときに、脳内でストレスホルモンの分泌が抑制され、心の平和につながるオキシトシンが分泌されるというのは、よく知られています。そうやって挫折を乗り越え、自分に足りない部分を補う努力をすれば、それだけでも十分ではないでしょうか。

精神医学的に健康を測定するツールの一つに、自分の人生は自分が作っていくという、自己意志力と自己決定力を評価するものがあります。中でも重要なのが「ありのままの自分を受け入れているか」という項目です。本書で何度も強調してきたように、健全な図太さを人生に取り入れているかがわかる、重要な指標だと思っています。ありのままの自分を受け入れる人は、これまでの経験すべてが自分を作っていることを理解しています。

これをアインシュタインの相対性理論である$E=mc^2$にあてはめてみると、さらに確かな答えになります。エネルギー（E）を自分の精神的、創造的な力とすると、質量（m）は自分の重さ、つまり自分に対する誇りとなり、光速度（c）は知恵と見ることができます。

質量、つまり誇りとは、社会的地位や職業のような外的要素によって自分を評価するのではなく、真に一人の人間として自分を受け入れることのできる能力を意味します。以前、ある先輩から海外留学の経験談を聞きました。いざ海外に行ってみると、自分はもはや韓国で活躍する医者ではなく、ただの一人の東洋人にすぎなかったと。そして社会的条件を超えて、一人の個人としてよその土地に立ったとき、初めて本当の自分の姿を受け入れたと。その言葉に粛然《しゆくぜん》とした気持ちになりました。

知恵とは、文字どおり、死んだ知識ではなく真の意味での慧眼《けいがん》を言います。その知恵を持つためには、人間に対する幅広い理解が必要です。いつか判事出身の弁護士の方がこんな話をしていました。

「判事のときは、懲役十年の人たちとその家族がどう変わっていくか、見ることはできませんでした。ところが弁護士になり、その人たちが変化していく様子をそばで目にすることになりました。その後、私は再審での判決にますます怖さを感じるようになりました」

人間に対する理解とはどういうものかを教えてくれる言葉です。

もちろん自分を受け入れたからといって、つねにどの瞬間も気に入るわけではありません。体の筋肉も毎日鍛えなくてはなりません。せっかくついた腹筋も少し運動を怠けると、また落ちてしまうからです。それと同じで、心も毎回整えるトレーニングが必要です。例えば、何か失敗して心を痛めても、自分を責める前に、そのまま受け入れ理解しようと努力するのです。「なんであんなことを」ではなく「こうしたからこうなったんだな」と、現実的に問題をとらえます。つまり、成長のために何を投資しているのか、問題を解決するためにどんなやり方をしているのかを、考えてみるのです。問題解決のために無理していないか、あるいは反対に、時間も努力も足りなくないか、なども考えるのです。

最近の精神医学では「脳も変化する（neuroplasticity、神経可塑性）」ということが知られています。「健全な図太さ」には、脳を柔軟に成長させる努力も含まれます。脳は、解決していない感情や思考があると、どうにかしようとしてしまいます。だから私たちも、脳が感じる負担を減らしてあげる必要があるのです。

ある本で「六然訓《りくぜんくん》」というのを見つけました。人生で守るべき六つの教えで、中国明時代の崔銑《さいせん》という人物が王陽明に捧げたという処世訓です。こんな内容です。

「自らのことは、世俗にとらわれず（自處超然《じしょちょうぜん》）
人には、穏やかに優しく（處人藹然《しょじんあいぜん》）
何かあれば、素早く決断し（有事斬然《ゆうじざんぜん》）
普段は、静かな澄んだ心で（無事澄然《ぶじちょうぜん》）
うまくいっても、浮かれずに淡々と（得意澹然《とくいたんぜん》）
うまくいかなくても、落ち込まず、ゆったり構えて（失意泰然《しついたいぜん》）」

ここには私たちが人生で持つべき「健全な図太さ」が含まれていると感じます。あの王陽明でなくても、心に留めておきたい一節ではないでしょうか。

訳注

※1 『新約聖書』ヨハネによる福音書1章38節
※2 『リヴァイアサン』柴田元幸訳、新潮社、二〇〇二年より引用
※3 儒教の経典で「五経」の一つ。陰陽思想にもとづく
※4 『[新装版]オプティミストはなぜ成功するか』山村宜子訳、パンローリング、二〇一三年
※5 『痴愚神礼讃』渡辺一夫・二宮敬訳、中央公論新社、二〇〇六年より引用

エピローグ　他人を愛するために、自分自身を愛しましょう

数年前、愛犬を亡くしました。あのちっちゃな子に一目惚れし、七年を共に過ごしました。家族全員から愛されていましたが、私とは特に心が通い合っていて、かけがえのない存在でした。ただその子に会いたいがために急いで帰宅することもありました。犬のほうもそんな私の愛情をよくわかっていました。そして、私がその子に示すより、ずっと大きな愛情と献身的な姿を見せてくれていました。

そんな愛おしい存在が突然旅立ってしまったのです。何の予告もなしに。急に具合が悪くなり、驚いておろおろしながら動物病院に連れていきましたが、どうにもなりませんでした。病院からは、ますます苦しむだけなので安楽死させたほうがいいと告げられました。もちろんそんなことはできませんでした。

その子を連れ、大きな病院に向かいながら「何があっても生きなくちゃダメよ」とずっと繰り返していました。すると、その晩はなんとか無事に乗り越えたようで、安心していました。

人はつねに人生の悲劇の前で、自分だけは例外でありたいと望みます。私も愛犬に対してそうでした。映画『マーリー　世界一おバカな犬が教えてくれたこと』の主人公も獣医に訴えま

す。「僕の犬は特別な犬だから、必ずよくなります！」と。

私も映画の主人公と何も違いませんでした。けれども、人生は例外を許してはくれず、それを経験するときが迫ってきたのです。病院から連絡がありました。すでに愛犬は息を引き取ったと。その瞬間の私のうろたえぶりといったら。誰もそばにいてあげることができず、ひとりぼっちでこの世に別れを告げた愛犬を思うと、とめどなく涙があふれてきました。

人生のどんな問題も、愛する存在の死や別れの前では、何の意味もなさないことを改めて経験しました。結局、死を前にすれば、それ以上重要なことなど何もないのです。そうわかっているのに、これまでどれだけ多くのことを失ってきたのかと、自分をひどく責めました。

体調が急変する前まで、愛犬はいたって健康でした。散歩も大好きでした。それなのに、朝、じっと私を見つめながら散歩を催促する愛犬に、そっぽを向くことのほうが多かったのです。愛犬との散歩より、三十分早く出勤するほうが、片づく仕事がたくさんある、そう思っていたのです。いざ愛犬を失うと、そこまで急務ではなかったのだと気づきました。同時に、愛犬にしてあげられなかったことばかりが思い出されました。

人生で大事なことは何なのだろう。自分を本当に必要としている存在のそばで、自分でなくてはできないことをしてあげることではなかったのか。その気づきは、つねにそうであるように、すでに一歩遅く、愛犬はもう隣にはいません。

経験した人はわかると思いますが、犬の愛には何の計算もありません。無限の献身的な愛情を自分の大好きな相手に一〇〇パーセント注ぎます。一方、私たち人間はどうでしょうか。大抵の場合、自分がしてもらったぶんだけ返そうとします。少しでもこちらが多くあげれば、いつどうやって裏切られるか、わからないと思っているからです。

もちろん、それは意図的ではないかもしれません。それでも、傷つくのはまっぴらだと思う気持ちが、知らぬ間にそうさせています。犬はそんなことはしません。何の計算もなく、揺るぎなく、ただひたすら限りない愛を差し出してくれるのです。そのように一途に尽くしてくれるから、犬たちはあんなふうに命が短いのかもしれない、という気がします。

人との関係で、そんな愛は不可能です。稀にあるのかもしれませんが、私を含む普通の人には、なかなか経験できないのは確かです。愛し方を知らないからではありません。本や映画やドラマでは、どうすればうまく愛せるか、あらゆる物語が無数に繰り広げられているではありませんか。感動したり、怒ったり、憧れたり、ロールモデルや反面教師にしながら、私たちはそれらの物語に夢中になります。

でも、どれも自分の話ではありません。自分には自分だけの話、自分だけの愛があります。そして、自分の物語の中で、どうすればうまく愛せるのかがわかるのも自分自身だけです。それをなかなか実践できないのが私たちなのです。たった一歩踏み出すだけでも、次からずっと楽になるとわかっていながら、さっと踏み出せずにいるのです。

原因がないわけではありません。愛にはつねに期待と不安が入り交じっています。自分が差し出したぶんさえ返してもらえないかもしれない不安、自分は愛されるだけの価値がないかもしれないという劣等感、傷つきたくないという不安。そんな心理的な動因が大きすぎるのです。それでも私たちは愛し合います。愛だけが私たちを救うことができるからです。

あまりにもありきたりで陳腐でしょうか。でも、依然として有効なのはそれだけなのです。どうやって愛するかという答えについても、陳腐ですが、有効な手立ては一つだけです。フランスの精神分析医フランソワーズ・ドルトによる次の文がその答えです。

「私たちは、他人を愛するために自分自身を愛さなくてはなりません。そのためには、これまでの他人との関係で失敗したことを受け入れ、騙されたこと、会話中に澱《おり》として残っていたことまで、すべて受け入れなくてはなりません」

もちろんドルトの言うとおりに実践するのは簡単ではありません。それでもベストを尽くして努力してみることはできます。そうすれば、少しは気楽に軽やかに、ひょっとしたら優雅に上品に、すべての愛や人間関係に対処できるのではないでしょうか。

結局は、大切な人の手を探して、
その手を握りしめておくために、ただそれだけのために、
私たちはこの退屈に流れていく時間を
なんとか生きているんです。そうじゃないですか？

〈著者略歴〉

ヤン・チャンスン

精神健康医学科・神経科専門医。延世大学医学部および同大学院を卒業し、医学博士学位を取得。西洋の精神医学だけで、人間を理解し人生の問題についての答えを求めることに限界を感じ、命理学と周易を学び、成均館大学大学院で「周易と精神医学」を関連づけた論文で二つめの博士号を取得。延世大学医療院研究講師、アメリカ Harbor-UCLA 医療センター精神医学科客員教授、ソウル百済病院副院長などを経て、健康的な人間関係を築きたい人たちのための、株式会社マインド＆カンパニー、ヤン・チャンスン精神健康医学科を運営している。延世大学医学部精神健康医学科非常勤教授、アメリカ精神医学会国際会員およびフェロー、アメリカ医師経営者学会会員。
CBS視聴者委員会、東亜日報読者人権委員会の委員を務め、SBS「ヤン・チャンスンのラジオカフェ」、CBS「ヤン・チャンスンの美しいあなたへ」などの番組を進行した。サムスン経済研究所 SERICEO で100回以上行った「心理クリニック」はオピニオンリーダーたちから大好評を博す。企業での講演、対人関係およびリーダーシップのコンサルティング、執筆やコラム寄稿など、さまざまな分野で活発な活動を繰り広げている。
韓国で初めて、東洋の運命学と西洋の精神医学を結びつけたベストセラー『命理心理学』をはじめ、『淡泊に生きるということ』『寂しいからと誰でもいいから会ったりはしない』『CEO、心を読む』『自分が何者か語るのがなぜ怖いのか』『お母さんへ』『今日、とてもいい自分に会った』など多数の本を執筆している。

〈訳者略歴〉

吉原育子（よしはら　いくこ）

新潟市生まれ。埼玉大学教育学部音楽専攻卒業。成均館大学などで韓国語を学ぶ。韓国文学翻訳院短期集中課程修了。主な訳書に、『明日も出勤する娘へ』（サンマーク出版）、『フェミニストってわけじゃないけど、どこか感じる違和感について』（ダイヤモンド社）、『The Having 富と幸運を引き寄せる力』（飛鳥新社）などがある。

装丁：一瀬錠二（Art of NOISE）
本文イラスト：shigureni

言いたいことを言ったのに、うまくいった
心を守りながら人と接する心理学

2023年3月29日　第1版第1刷発行

著　　者　ヤン・チャンスン
訳　　者　吉　原　育　子
発 行 者　永　田　貴　之
発 行 所　株式会社ＰＨＰ研究所

東京本部　〒135-8137　江東区豊洲5-6-52
ビジネス・教養出版部　☎03-3520-9615(編集)
普及部　☎03-3520-9630(販売)
京都本部　〒601-8411　京都市南区西九条北ノ内町11

PHP INTERFACE　https://www.php.co.jp/

制作協力
組　　版　株式会社PHPエディターズ・グループ
印 刷 所　株式会社精興社
製 本 所　東京美術紙工協業組合

ISBN978-4-569-85425-0